퇴근 후
심리 카페

퇴근 후
심리 카페

채정호의 직장인 스트레스 마음처방전

채정호 지음

생각속의집

"

지금,
버티고 있는 것만으로도
당신은
잘하고 있는 거다.

"

당신은 지금껏 잘 살아왔습니다

누구도 열등감이 없는 사람은 없습니다. 그 열등감을 해결하기 위해서 열심히 일하고 끊임없이 자기계발을 합니다. 그런데도 내 자신이 마음에 들지 않을 때가 많습니다. 그러면 그 불만을 외부로 돌립니다. 사람 탓, 환경 탓을 합니다. 불만이 커지고 화가 납니다. 반대로 남 탓 대신 자기 탓을 하는 사람도 있습니다. 자신의 능력이나 성격에 문제가 있어서 직장에서도 힘들다고 말합니다. 우울해지고 자존감도 떨어집니다. 남 탓이든 자기 탓이든 살아가는 데는 전혀 도움이 되지 않습니다. 남 탓을 해도 세상은 달라지지 않고 내 탓을 해도 나는 달라지지 않습니다.

그렇다면 어떻게 해야 할까요? 중요한 것은 내 삶을 온전히 받아들이는 것입니다. 삶은 원래 그런 것이라고 긍정하는 것입니다. 힘들면 힘들다고 인정하는 것입니다. 흔히 '긍정적이다'라는 말을 힘들어도 좋은 면을 생각하는 것이라고 알고 있습니다. 그렇지 않습니다. 나는 힘든데도 힘들지 않다고 생각하는 게 긍정이 아닙니다. 힘든 나를 그대로 인정하는 것이 진짜 긍정입니다. 긍정이란 사실을 사실대로 인정하고 받아들이는 것입니다. 긍정의 사전적 의미는 '그렇다고 인정하는 것'입니다. 나를 있는 그대로 인정할 때, 진짜 긍정의 삶이 시작됩니다.

지금껏 직장생활을 해오면서 버거울 때도 있었고 힘겨울 때도 있었을 것입니다. 오늘 당장 사표를 내밀고 싶었던 순간도 많았을 겁니다. 이렇게 힘들고 고통스러운 것이 사실 인생입니다. 스캇 펙의 말처럼 인생은 참으로 힘든 것입니다. 그런 인생을 긍정하게 될 때, 인생은 전과 다르게 다가옵니다.

직장생활 동안 일에 치이고 사람에게 상처도 많이 받았을 겁니다. 그래도 당신은 최선을 다해서 여기까지 왔습니다. 지금까지 버티어 온 것만으로도 당신은 충분히 잘 살아왔습니다. 그런 당신에게 긍정의 한 마디를 해주었으면 좋겠습니다. '참 잘 견뎌왔구나, 잘 버텨왔구나.' 힘들었던 나를 위로하고, 있는 그대로 나를 인정하며 격려해주셨으면 합니다. 그것이 내 삶을 긍정하는 것입니다.

이 책은 회사에서 마음을 잃어가는 직장인들을 위한 책입니다. 이 책의 사례들은 상담 현장에서 만난 직장인들의 진솔한 이야기입니다. 직장이라는 삶의 현장에서 고군분투하며 살아가는 직장인들. 이들이 자신에게 닥친 어려움을 풀어가는 과정을 지켜보면서 나 자신의 문제도 풀어갈 수 있는 계기가 되기를 바랍니다.

바쁘고 지친 하루를 보내고 퇴근 후 조용한 카페에 앉아 있는 당신을 떠올립니다. 향긋한 커피 한 잔과 이 책이 당신에게 휴식이 되기를 바랍니다.

오늘도 수고하셨습니다. 당신을 응원합니다. 그리고 축복합니다.

가을과 겨울 사이에서

채 정 호

차 례 **퇴근 후 심리카페**

2장 왜 출근만 하면 스트레스가 쌓일까?

5장 퇴근 후 마음처방전 3
전심으로 살아가기 · Commitment

1장

'힘들어 죽겠다'는 대한한국 직장인들

밤 9시, 잠시 들른 사무실 옆 카페. 텅 빈 카페 안에서 따뜻한 블랙커피 한 잔을 마신다. 아무도 없는 카페 안, 긴장했던 몸과 마음이 조금씩 풀린다. 요즘 들어 일이 꼬리에 꼬리를 물고 늘어난다. 잠깐 쉬고 싶어 카페에 들렀는데, 팀장님으로부터 문자 메시지가 끊이질 않는다. 해도 해도 끝나지 않는 일들…. 몸과 마음이 소진되어 가는 것 같다. 누구보다 일을 좋아했지만 요즘에는 그 일이 나를 지치게 한다. 내가 일을 하는 건지, 일이 나를 끌고 가는 건지… 요즘에는 일과 내가 하나가 된 것 같다.

우리나라 직장인은 힘들다. 힘들어도 '너무' 힘들다.
'저녁이 있는 삶'은 꿈같은 소리다.
걸핏하면 야근, 심지어 주말까지 일해야 할 때도 많다.
오직 주말과 휴가만 기다리며 일한다.
출근할 생각을 하면 그때부터 가슴이 먹먹해진다.

저녁이 있는 삶은… 없다

선거 때마다 정치인들은 '저녁이 있는 삶'을 돌려주겠다며 목소리를 높였지만 선거가 끝나고 한참이 지나도 직장인들에게 저녁은 돌아오지 않았다. '칼퇴근'해서 집으로 돌아가 식구들과 둘러앉아 도란도란 이야기를 나누며 저녁식사를 함께하고, 식사 후에는 마실 겸 동네를 산책하며, 잠들기 전에 영화를 보거나 책을 읽는 삶은, 어디선가 들어본 것도 같지만 대한민국 직장인들의 일상과는 거리가 한참 먼 얘기다.

퇴근 없는 태근 씨

태근 씨는 요즘 프로젝트를 마감해야 해서 정말 바쁘다. 늘 일이 넘친다. 일어나자마자 아침도 못 먹고 튀어나가다시피 출근해서 온종일 미친 듯이 일한다. 얼마 전까지는 회사 실적이 별로 좋지 않아 그나마 퇴근 후에는 친구도 만나고 개인적인 시간을 낼 수도 있었는데 회사 사정이 나아지면서 일이 점점 많아지더니 이제는 정말 경황이 없다. 그래도 근무 시간에 바쁜 것은 견딜 수 있겠는데, 문제는 퇴근하고도 일에서 벗어날 수 없다는 것이다. 근무 시간에 일을 끝낼 수 없어 거의 날마다 야근을 하는데도 일은 끝이 보이지 않았고, 급기야 이렇게 살면 안 되겠다 싶어 웬만하면 정시에 퇴근을 하기로 굳게 마음먹었다.

퇴근해도 마음이 편하지 않았다. 특히 기한 내에 일을 마쳐야 한다는 팀장의 독촉에서 자유로울 수 없었다. 퇴근 후에도 업무가 따라다녔다. 팀장은 이메일, 문자 메시지, 카톡으로 쉴 새 없이 연락을 해댔다. 즉시 답을 하지 않으면 성격이 급하기로 소문난 팀장은 금방 다시 연락을 해왔다. 이제는 문자 알림 소리만 나도 깜짝깜짝 놀란다. 한 번은 전화기를 무음으로 설정해놓았다가 팀장의 연락을 몇 시간 늦게 받았더니 "정신이 있는 놈이냐!"는 소리를 들었다. 항상 쫓기는 것 같고 불안하다. 어디에서도 마음이 편하지 않다.

노동법에는 엄연히 근무 시간이 정해져 있는데 태근 씨에게 정시 퇴근은 남의 이야기 같다. 얼마 전까지는 그나마 외부에서는 회사 서버에 접근할 수 없었으므로 출근해서 하겠다는 답이 가능했는데 이제는 모바일 솔루션인가 뭔가가 적용되면서 언제 어디서든 업무를 볼 수 있게 되었다. 처음에는 출근하지 않아도 재택근무를 할 수 있을 것 같아서 좋았는데 회사와 집의 구분을 없애 퇴근을 사라지게 한 요물이나 다름없다. 해외 출장을 가더라도 중간 환승하는 공항에서까지 데이터 로밍이라는 신기술로 연락이 가능하다. 거대한 감시의 거미줄에 꼼짝없이 걸려 있는 기분이다.

이렇게 살 수는 없다 싶어 부장님께 공식 면담을 신청해서 이야기를 했더니 "퇴근 후에는 절대 일을 하지 마"라는 아주 현명하신 답을 들려주셨다.

"직장과 집을 잘 구분해야지. 그래야 오래 갈 수 있어."

"아니, 그게 아니란 말입니다. 팀장이 저를 찾지 않게 해주시든가 회사에 그런 분위기를 만들어주셔야죠"라고 말하고 싶었지만 참았다. 가만히 눈치를 보니 부장님도 퇴근 후에 걸핏하면 팀장을 찾는 것 같았다. 말을 더 길게 했다가는 완전히 찍힐 것 같아서 그만 면담을 마칠 수밖에 없었다. 퇴근 후는커녕 주말에도, 심지어는 휴가 중에도 핸드폰을 확인하고 즉시 업무를 하는 것을 당연하게 여기다보니 이제는 24시간, 365일을 풀가동하는 기계같이 되어버렸다. 항상 일에 파묻혀 사는 태근 씨의 첫인상은 위태로워 보였다. 조금만 잘못 건드리면 완전히 무너져버릴 것 같은 아슬아슬한 상황이었다.

일은 내가 아니다

누구도 온종일 일만 하고 살 수는 없다. 하지만 주변을 돌아보면 온종일, 한 달 내내, 일 년 내내 일만 하는 사람이 의외로 많다. 사실 현장에서 일을 하는 사람은 해가 지고 현장을 떠나면 일을 멈출 수 있다. 농사를 짓는 사람도 밭에서 나오면, 공장 근로자는 공장을 나서면 확실한 퇴근이 가능하다. 이렇듯 육체노동을 주로 하는 직업은 일과 자신을 구분하기가 쉬운 편이다. 하지만 사무직, 전문직은 소위 재택근무가 가능하다. 게다가 IT 기술이 급격하게 성장하면서 스마트 업무 환경이라는 미명 아래 언제 어디서든 연락할 수 있고, 이동하면서도 업무가 가능해졌다. 의도적으로 업무와 나를 구분하지 않으면 평생 일만 하는 상황이 충분히 벌어질 수 있다.

사실 일은 참 빠져들기가 좋다. 일단 끝이 없다. 그리고 일을 하고 나면 성취감도 크고 보상도 따른다. 쉬고 놀 때는 좀 게으르다는 생각도 들지만, 일하는 동안에는 내가 유능하고 중요한 사람인 것 같은 생각도 든다. 그러다보면 일과 내가 하나라는 착각에 빠져들기도 한다. 하지만 일은 절대로 내가 될 수 없다. 일이 내가 되고 내가 일이 되는 순간, 문제가 발생한다. 내가 일을 하는 것이지 나는 일이 아니다. 만약 내가 일이라면 내가 일을 못 하게 되면 내가 없어진다는 말인가? 일과 자신을 동일시하는 사람은 일의 일진일퇴에 일희일비한다. 일은 내가 직장을 그만두면 언제라도 그만둘 수 있는 것임을 명심해야 한다. 공과 사의 희미해진 경계선을 명확하게 구분하도록 노력해야 한다.

이상적으로는 업무 시간에만 일하고 퇴근 후에는 자신의 일상에 충실할 수 있어야 한다. 하지만 현실적으로 거의 불가능하기 때문에 인위적으로라도 일하는 나와 쉬는 나를 구분해야 한다. 예를 들어 불가피하게 퇴근 후에 일을 해야 한다면 공간을 구분하는 것도 좋다. 일하는 장소를 A카페로 정하고, 개인적인 시간을 보낼 때는 의도적으로 A카페를 피해 B카페를 이용하는 식이다. 여유가 있다면 업무용 컴퓨터와 개인용 컴퓨터를 구분하는 것도 좋다. 많은 직장인이 휴대폰을 두 개 사용한다든지, 이메일 계정이나 카톡 아이디를 따로 사용하는 것도 이런 노력의 일환이다. 공간에 여유가 있다면 일하는 책상이나 의자를 구분하는 것도 좋다.

좀더 쉬운 방법은 시간을 구분하는 것이다. 이메일과 문자를 수시로 확인하는 것이 아니라 두 시간 혹은 세 시간마다 시간을 정해서 확인하는 것도 도움이 된다. 부득이하게 퇴근 후 집에서 일해야 한다면 매일 밤 10시부터 11시까지로 시간을 정하는 식으로 경계를 지켜야 한다. 경계가 없으면 일은 내 삶으로 들어와서 나를 일만 하는 기계로 만든다. 일과 나의 건강한 경계막이 나를 잘 지켜주어 건강하게 일할 수 있게 도와준다. 다시 기억하자. 일은 내가 아니다. 일과 나를 명확히 구분하자.

남자들이 아프다고 말하기 시작했다

남성과 여성, 둘은 인간이라는 공통점이 있지만 사실 명확하게 다르다. 성별이 다르면 장기가 다르고, 그 조직이 다르고, 세포가 다르고, 호르몬이 다르고, 유전자가 다르다. 일반적으로 여성이 남성보다 민감하고 같은 감정도 더 크게 느낀다. 행복도 불행도 여성이 더 예민하게 느낀다. 마찬가지로 남성보다 여성이 우울과 불안 등 감정의 어려움을 더 많이 겪는다. 그로 인해 고통과 슬픔도 여성이 더 잘 느낀다. 물론 고통을 느끼는 것은 절대 나쁜 것이 아니다. 고통이나 슬픔을 모를 것 같은 상남자가 멋있고 대단해 보일 수 있지만, 사실 남성은 자기가 아픈 줄을 모르고 살다가 한 방에 스러진다. 과로사하는 것도 대부분 남성이고, 손을 쓸 수 없는 지경에까지 암이 진행되는 줄 모르다가 건강검진 과정에서 암 발병 사실을 알게 되는 남성도 많다. 여성은 민감해서 조금이라도 이상 징후가 느껴지면 얼른 병원을 찾는다.

아프면 아프다고 말한다

정신건강의학과도 마찬가지다. 주로 여성이 방문하다보니 고부간의 갈등, 자녀와의 갈등, 남편과의 갈등을 이야기하고 눈물을 흘리던 것이 정신건강의학과의 통상적인 진료 현장이었다. 같은 부부 갈등이 있더라도 부인이 훨씬 힘들어한다. 대부분의 남편은 그저 그러려니 했던 게 사실이다. '금성에서 온 남자, 화성에서 온 여자'라는 말이 그냥 나온 게 아닐 만큼 정서적으로 남성과 여성은 많이 다르다.

개인차는 있겠지만 확실히 여성에게는 정서가 중요하다. 감정이 상하면 평생 가슴에 남을 수 있다. 목적을 위해서라면 원수의 가랑이 밑을 지나가는 수모도 감내하는 영웅의 면모는 주로 감정보다 인지를 앞세우는 남성의 몫이었다. 남성은 공중화장실에서 하루에도 몇 번이나 '흘리지 말아야 할 것은 눈물만이 아닙니다'라는 경구와 마주친다. 이 말 뒤에는 절대로 울어서는 안 된다는 무서운 경고가 드리워져 있다. 남성은 자라는 동안 자신의 정서를 억누르도록 훈육 받아왔다. "사내자식이 고작 그런 일로 울면 안 돼"라는 말처럼 냉혹한 말이 없다. 정말 울어야 할 때가 있다. 하지만 울면 안 된다는 사회적 압력이 남성을 짓누른다. 그러다보니 점점 억제하는 힘이 강해진다. 때로는 좀 울고 풀어야 할 일을 억눌러버리고 그냥 참고 산다. 그러다가 술에 취하거나 크게 화가 나면 억누른 감정이 한꺼번에 폭발하기도 한다. 술에 취해 꺼이꺼이 울다보면 인지 억압이 좀 풀린다. 이처럼 많은 남성이 음주나 분노로 눌러놓은 감정을 풀면서 살았다. 하지만 그런 풍경이 점점 달라지고 있다.

여전히 우리나라 사람들은 정신건강의학과 진료를 낯설어하지만 과거에 비하면 아주 많은 사람이 정신건강의학과를 찾고 있다. 더욱 눈에 띄는 변화로는 정신건강의학과 상담을 받는 남성 직장인의 수가 늘었다는 사실이다. 또한 여성 내담자 사이에도 가정 내에서 겪는 갈등을 넘어 직장 내 고충을 호소하는 상담 사례가 늘었다. 불과 10~20년 사이에 벌어진 변화다. 왜일까?

많은 이유가 있겠지만, 우선 얼어 죽더라도 정상까지 올라가서 어슬렁대는 킬리만자로의 표범이 되려는 남성이 적어졌다. 또 자기 감정에 충실하려는 남성이 늘어났다. 더 근본적으로는 우리 사회에서 감정을 상하게 하는 정도가 남성도 참을 수 없는 지경에 이르렀다는 것이다. 남성은 여성보다 매사에 둔감한 편이지만 그 정도가 지나치면 남성도 억누르기만 하면서 살 수 없다. 표현을 잘하게 되었다기보다는 견딜 수 있는 한계를 훌쩍 뛰어넘은 편에 가깝다. 안타깝고 불쌍하다. 그나마 남성도 자신의 감정 상태를 들여다보면서 문제를 느꼈을 때 정신건강의학과를 찾는다는 것은 바람직한 변화라 하겠다. 참고 또 참다가 극단적인 선택을 하거나 아주 망가져버리기 전에 전문 상담가를 찾아 힘들다고 이야기하는 것이 낫다. 이제는 더 이상 견딜 수 없어서 병원에 오는 것이지만, 아픈 것을 아프다고 말할 수 있게 되었으니 한편으로는 다행이다.

인정 욕구에서 자유로운 사람은 없다

우리나라 직장인은 힘들다. 힘들어도 '너무' 힘들다. 취직 단계부터 힘들다. 원하는 직장에 들어가기란 로또 당첨만큼이나 어렵다. 명문대학을 나올수록 성적이 높을수록 스펙이 뛰어날수록 좋은 직장을 구할 가능성이 높다고 생각한다. 그래서 많은 사람에게 좋은 학교는 좋은 직장을 향해 가는 중간 기착지에 불과하다.

어렵사리 취업하지만 그 후 벌어지는 일도 녹록치 않다. 돈을 내고 공부하던 학교와 돈을 받으면서 일하는 직장은 완전히 다른 세상이다. 일도 아주 '빡세다.' 여러 사람이 해야 하는 일을 혼자서 감당해야 하는 곳도 많다. '저녁이 있는 삶'은 꿈같은 소리다. 걸핏하면 야근, 심지어 주말까지 일해야 할 때도 많다. 거기라도 붙어 있으려면 월·화·수·목·금요일을 이를 악물고 버텨야 한다. 오직 주말과 휴가만 기다리며 일한다. 일요일 저녁 '개그콘서트'의 엔딩 음악은 주말이 다 갔다는 신호다. 월요일 아침 출근할 생각을 하면 그때부터 가슴이 먹먹해진다. 억지로 잠을 청하고, 월요일 새벽부터 다시 뛰어야 한다. 우리나라 직장인의 일상이다.

출근만 하면 답답한 선영 씨

선영 씨는 신입사원이다. 주변 사람들은 선영 씨에게 "지방대학 출신으로서 그렇게 좋은 직장을 구한 것은 기적"이라고 말한다. 대학 4년 내내 연애는커녕 미팅 한 번 제대로 해보지도 못하면서 영어 공부에 매달리고 온갖 스펙을 쌓으려고 애를 쓰고 취직 시험 공부에 독하게 매달린 결과였다. 그나마도 입사 즈음 지역균형 선발 붐이 불어서 주위에서 다들 부러워하는 회사에 들어왔다. 부모님은 덩실덩실 춤을 추며 주변에 자랑했고 친구들은 부러워했다.

하지만 막상 회사에 들어오니 적응하기가 쉽지 않았다. 동료들은 대부분 선영 씨보다 좋은 학교를 졸업한 것 같았다. 그런 친구들은 대학 선배가 끌어주는 분위기였다. 뒤지지 않으려고 선영 씨 나름대로 열심히 일하지만 무시당하는 기분이 드는 것은 어쩔 수 없었다. 최선을 다한 일인데 팀장이 무시하는 투로 한마디 하면 마음이 무너졌다. 동기들끼리라도 친하게 지내면 회사생활이 나아질까 싶었지만, 회식 때마다 누구 줄을 잡아야 한다거나 누구는 누구 라인이라서 재수 없다는 등 그 자리에 없는 사람들을 욕하는 분위기가 싫었다. 그렇다고 끼지 않으려니 왕따를 당할 것 같아서 억지로 참석하지만 꿔다놓은 보릿자루마냥 구석에 앉아 있기만 했다. 학교 다닐 때는 그나마 친구들하고 수다라도 떨면서 스트레스를 풀었는데 회사에서는 자칫 구설수에 오르내릴까 봐 아무하고도 솔직하게 대화를 할 수도 없었다. 갈수록 출근하기가 힘들어졌다.

하루는 가슴이 몹시 답답해서 내과를 찾아 진료를 받았다. 특별한 이상은 없다고 하는데 자꾸 답답하다고 하니까 정신건강의학과 진료를 받아보라고 권유해서 나를 찾아왔다.

"어떤 것이 제일 힘드세요."

"그냥 답답해요. 회사 자체는 정말 괜찮은데 출근할 생각을 하면 가슴이 답답해져요. 주말에는 잘 지내다가도 일요일 밤이 되면 가슴이 무거워져요. 언제까지 이렇게 지내야 할까요? 회사에 가면 생각이 많아져요. 마땅히 친한 사람도 별로 없고, 제가 뭘 어떻게 해야 할지 모르겠어요."

선영 씨의 삶은 미국으로 이민 가서 열심히 사는 데 적응하기 어려워하는 교포의 그것과 비슷했다. 한국에서는 아주 똑똑하다는 평을 들었는데 미국에 와 보니 왠지 자신이 없고 쭈뼛거리며 괜히 열등감이 들면서 이민 간 것을 후회하기도 한다. 선영 씨도 마찬가지였다. 누구보다 열심히 살아왔고 자랑스러워할 만한 상황인데도 자격지심으로 힘들어했다. 학창 시절에는 제법 인정도 받고 인간관계도 좋았는데 회사라는 큰 조직에서는 갈수록 자신의 존재감이 사라지는 것 같다고 했다. 면담이 이어지면서 선영 씨는 '존재감'에 관한 말을 많이 했다. 학교에 다닐 때는 서클 활동도 열심히 했고, 특히 자신이 주도한 UCC 동아리가 제법 규모 있는 콘테스트에서 대상을 받은 이야기를 할 때는 눈빛이 반짝였다.

"열심히 노력하고 나름대로 재미있게 살아왔는데 인정해주는 사람이 없으니 힘들어진 것을 보면, 결국 선영 씨는 누가 인정해주면 자기 존재가 있고 인정해주지 않으면 자기 존재가 없다고 생각하는 거네요."

"아, 정말 그런 것 같아요. 가족이나 친구들은 제가 이 회사에 취직했을 때 진심으로 축하해줬어요. 하지만 제가 지금 이렇게 힘들어 한다는 것은 아무도 몰라요. 지난 추석 때는 정말 힘들어서 집에 가고 싶었는데 친척들이 회사 이야기를 물어오면 울어버릴 것 같아서 아예 집에 가지 않았어요."

"추석 연휴 동안 뭐하셨어요?"

"그냥 방에 웅크리고 혼자 있었어요. 온종일 텔레비전 보고……. 그런 제 모습이 싫었지만 집에 가서 회사 이야기를 하기는 더 싫었어요."

차라리 추석 때 집에 내려갔다면 '존재감'을 충분히 인정받을 수 있고 그것이 오히려 회복의 기회였을 텐데, 말하기 싫다고 그 기회를 차버리고 나서 더 힘들어졌다. 선영 씨는 집에서 혼자 시간을 보내면서 우울의 나락으로 떨어졌다가 결국 가슴이 답답하다는 신체 증상이 심해지고야 말았다.

인정 욕구가 없는 사람은 없다. 누구나 적절하게 인정받고 타인이 좋아해주고 칭찬해주면 삶의 보람을 느낀다. '살아 있구나'라며 존재감을 느낀다. 어려서 충분히 인정받고 존중받은 경험이 있는 사람은 나중에 인정을 좀 덜 받더라도 견딜 수 있다. 반면에 어린 시절에 충분히 인정받지 못하면 어떤 식으로든 탈이 난다. 항상 인정에 목말라 한다. 그 인정 욕구의 수렁이 너무 깊어서 아무리 채워도 늘 부족하다고 느낀다. 대개 인정 욕구의 열망을 아는 것은 별로 어렵지 않지만, 알더라도 문제를 해결하는 것은 쉽지 않다.

인정받는 데서 존재감을 느끼는 사람에게 '인정받지 않아도 괜찮아'라고 믿으면서 살라고 설득하는 것은 힘들다(놀랍게도 많은 심리 치료가 그렇게 하는 것을 시도한다. 물론 그렇게 해서 거의 득도하는 사람도 있지만 사실 그럴 수 있는 사람들은 아주 드물다).

면담을 하면서 선영 씨는 자신이 항상 인정받고 싶어 한다는 것을 알아차리기 시작했다. 사람들의 인정과 칭찬이 자신의 인생을 움직이게 하는 가장 큰 힘이었음을 깨달았다. 사실 이 회사에 지원한 것도, 눈이 빠져라 밤을 새우면서 공부에 매달린 것도 부모님이 기뻐하는 모습을 보기 위해서였던 것이다. 가난한 집의 장녀, 똑똑하고 공부 잘하고 착한 딸, 온 친척 가운데 가장 좋은 학교에 들어가고 좋은 직장을 얻었다는 칭찬이 그녀를 달리게 하는 힘이었다. 그랬는데, 회사에서는 아무도 선영 씨에게 관심을 주지 않고 칭찬은 커녕 무시당한다고 느끼면서 그녀는 기운을 잃어갔다. 에너지 공급이 없는 채로 주행만 하니 그야말로 고갈 상태가 오고 말았다.

쉽지는 않겠지만 선영 씨는 자기존중의 삶, 즉 타인의 인정이 아닌 자기 스스로 자신을 존중하고 인정하는 법을 배우면서 회사에 적응해나가기로 했다. 새로운 관점으로 자신을 바라보는 것이 어렵겠지만 선영 씨는 자기존중의 삶을 살기 위해 노력해보겠다고 약속했다.

분노는 자기뿐 아니라 주변 사람도 태운다

'화'는 불덩어리를 내 손에 쥐고 상대에게 던지는 것과 같다. 화의 불덩어리를 잘못 내던지면 내 자신도 심한 화상을 입고 만다. 상대를 향해 분노를 표출하는 순간, 그 불덩어리를 쥐고 있던 내 자신에게도 상처를 입히게 되는 것이다. 지금 내 안에 스트레스로 인한 불덩어리가 활활 타고 있다. 그 불덩어리를 어떻게 던질 것인가? 맨손으로? 또 어디를 향해 던질 것인가? 목표물은 정확히 알고 있는가? 아무 생각 없이 무작정 분노의 덩어리를 표출하면 나뿐만 아니라 주변 사람들도 다친다.

열불 터지는 호랑이 박 부장

40대 중반의 박 부장은 비교적 부장 진급이 빨랐다. 정말 앞만 보고 달려왔다. 회사에서는 핵심 부서에서 일해왔고, 중역들도 박 부장을 신뢰했다. 중요한 프로젝트는 박 부장에게 맡겼고, 그는 실망시키지 않고 너끈히 처리해냈다. 그러다보니 귀가가 늦고, 출장은 잦고, 주말에도 일하는 날이 많았다. 당연히 가족과 함께할 수 있는 시간이 적었다. 아내와도 데면데면했지만, 특히 자녀들과 갈수록 사이가 벌어졌다. 중학생이 된 딸은 보기도 어렵지만, 어쩌다 마주쳐도 눈을 내리깐 채 아무 말도 안 한다. 아들은 고등학생이 되면서 성적이 점점 떨어졌다. 하루는 게임 그만하라고 충고했다가 자기 방문을 소리 나게 닫고 들어가서는 나올 생각을 안 했다. 속이 터진다. 성질 같아서는 문을 확 열고 "내가 누구 때문에 뼈 빠지게 일하는데!"라고 소리치고 싶었지만 아내가 말렸다. "아이들한테 아빠가 필요했던 시간에 당신은 늘 없었다"는 아내의 말에 아니라고 부정할 수가 없었다. 세상에 내 마음을 아는 사람이 아무도 없다고 생각하니 쓸쓸했다.

그래도 회사에 오면 힘이 났다. 할 일이 있고, 아래 직원들도 부릴 수 있었다. 그런데 직원들이 마음에 들지 않았다. 나는 저러지 않았는데 다들 엉망이다. 소리도 질러보고 달래도 보았지만 소용이 없다. 회식하면서 술기운으로 말을 하다보면 오히려 야단치는 꼴이 되니 직원들이 피하는 기색이 완연하다. 이번 분기 목표치는 채울 길이 없는데 직원들은 미동도 하지 않는다. 소리치고 야단도 쳐봤지만 이제는 아예 마이동풍이다. 이러다가는 실적도 엉망일 게 뻔하다. 하루하루가 정말 답답했다.

나는 병원이 아니라 기업 상담 현장에서 박 부장을 만났다. 회사에서 지원하는 '직장인 지원 프로그램'의 일환이었다. 그의 첫 인상은 지치고 힘들어 보였다.

"이 정도까지는 아니었는데, 최근에는 화를 못 참을 때가 많아요. 직원들이 마음에 안 들 때가 많기는 하지만 그렇게까지 야단칠 일이 아닌데, 내가 생각해도 난리를 부릴 때가 있어요."

"왜 화가 날까요?"

"잘 모르겠어요. 그냥 내 마음 안쪽에 부글부글 끓어오르는 게 있는 것 같아요. 그게 해결되지 않다보니 터질 때가 많은 것 같아요."

길게 면담하면서 조금씩 다른 방향으로 이야기 갈래가 잡혀갔다.

"평소에도 좀 불안한 것 같아요. 사실 저는 정말 열심히 살았어요. 앞만 보고 달렸죠. 남들보다도 빨랐고 잘해왔어요. 그런데 요즘 들어 정말 이게 맞나? 이렇게 달려가면 되나? 그런 마음이 드는 거예요. 동기들보다 앞서서 진급도 했거든요. 그런데 일찍 자기 사업을 시작한 친구들은 완전히 자리를 잡았어요. 전에는 월급 받으면서 차곡차곡 저축도 하면 오히려 한 방에 훅 가는 사업보다 낫다고 생각했어요. 그래서 좋은 조건으로 여러 차례 동업 제안을 받았지만 다 물리치고 회사생활에 모든 것을 바쳤어요."

박 부장은 확실히 주도적인 사람이었다. 자기 의지대로 사는 것을 중요하게 여겼다. 자기가 생각한 방식과 방향으로 일이 풀리면 문제가 없었다. 그런데 원하는 대로 판이 돌아가지 않으면 상황이 나빠졌다. 앞만 보고 열심히 달려왔는데 이리로 가는 것이 맞나 하는 회의감이 들었다. 방향성이 흔들리다보니 갑자기 사춘기가 된 것 같았다. 엄한 짓을 한다고 봤던 사람들이 오히려 더 잘 지내는 것처럼 보이기도 했다. 나이 불혹에 오히려 삶 자체가 의혹투성이가 되었다. '한창 바빠서 아이들 옆에 있어주지 못했구나'라는 미안한 마음이 들어 아이들과 함께해보려고 마음을 먹지만 이제는 아이들이 아빠를 필요로 하지 않는 것 같았다.

현실적인 문제도 벅찼다. 재정적으로 안정되지 않았는데 지출 규모는 갈수록 커졌다. 지금도 학원비를 감당하기가 벅찬데 과외를 몇 개 더 해야 한다니 아예 다 놓아버리고 싶다고 했다. 박 부장의 미간에 주름이 깊었다.

"모든 짐을 혼자서 감당하려다보니 어려워지는 것 같군요."

"예……. 제가 맏아들입니다. 부모님이 저를 많이 믿으셨어요. 제가 동생들보다 공부도 잘했고 제일 성실했어요. 그래서인지 다 제가 해야 한다고 생각했어요. 그런대로 잘 처리해왔는데…… 점점 나이가 들면서 이렇게 사는 게 맞나 싶은 거예요. 사실 이게 틀렸다고 해도 지금은 별로 대안이 없어요. 참 열심히 달려왔는데……."

견인차 인생을 사는 사람이 많다. 젊었을 때는 그것이 자기 미래의 꿈이었다. 남들보다 치고 나가는 게 멋있고 유능해 보였다. 그래서 현재 그토록 바라던 것을 얼추 다 이룬 듯했지만, 오히려 마음은 텅 빈 듯 허전하다. 남자도 갱년기를 거친다. 남성 호르몬이 떨어지면서 매사에 심신이 약해진다. 지금까지 잘 감당해왔던 자신을 못 믿게 되면서 마음 깊이 초조해지고, 사소한 일에도 툭하면 화를 내는 식으로 반응하게 된다.

박 부장과는 우선 분노 조절 프로그램을 시작했다. 사실 분노는 강한 위협을 받을 때 그것에 대항할 수 있는 강력한 힘을 제공한다. 그래야 자신을 지킬 수 있다. 그런데 지금 박 부장은 처한 상황에 위협을 느끼고, 자신의 영역을 뺏기고 싶지 않다는 감정이 화로 터져 나온 것이었다. 이른바 화병(火病). 두려움을 극복하기 위해서 마음 안에 불을 지르는 꼴이다. 불이 활활 타오르면서 마음을 태운다. 화는 쉽게 버릇이 된다. 화는 자기뿐 아니라 주변 사람도 태운다. 그러니 서로 큰 상처를 주고받는다.

직원들은 박 부장만 보면 슬슬 피한다. 관계도 점점 멀어져 간다. 성질을 내면서 못되게 굴다보니 자신을 지키려다 타인을 죽이고 만다. 결국에는 자기도 제대로 지키지 못했다. 박 부장은 혈압 약을 복용해야 하는 지경에 이르렀다. 화는 불이다. 그 불의 화염이 박 부장을 삼킨 것이다.

한 발 떨어져서 바라보면 길이 보인다

한 직장을 10년 이상 다니는 것은 정말 대단한 일이다. 그 시간 동안 수많은 스트레스 상황에서 괴로워했을 것이다. 직장생활은 누구나 순풍이 아니다. 때로는 불시에 격한 태풍이 불고 또 때로는 순풍에 돛을 달 듯 일하는 자로서의 보람을 느끼기도 한다. 외롭고 힘들어도 잊지 않아야 할 것은 지금 내가 버티고 있다는 것만으로도 잘하고 있다는 사실이다.

우울하고 무력한 김 과장

김 과장은 공무원이다. 항상 성실하게 일해 왔는데 이번에 결정적인 업무상 과실로 징계를 받았다. 최근 김 과장의 부서에 일이 과중되면서 서류를 제대로 확인할 수 없었다. 지금까지 크게 문제 된 일이 없었으므로 평소 하던 대로 서류에 도장을 찍어 넘겼는데, 일이 터지고 말았다. 평소라면 충분히 있을 수 있는 일이라며 수습 단계를 밟을 수 있었는데 하필 외부 감사에 딱 걸리고 말았다. 설상가상 언론에 보도되면서 일이 커졌다. 해명을 했고 주변에서는 충분히 이해하는 것 같았지만 상황은 갈수록 악화되었다. 정상 참작을 요구하는 탄원서를 만들자는 동료들도 있었지만 김 과장이 징계를 받아야만 일이 끝난다고 하여 징계 처분을 받았다. 그 과정에서 이리저리 시달리면서 일 자체에 회의를 느끼기 시작했다. 보다 못한 아내의 강권으로 정신건강의학과를 찾아왔다.

김 과장의 목소리는 차분했다. 아니, 바로 옆에서도 잘 들리지 않을 정도였다. 그는 성품 자체가 조용하고 차분하다고 했다. 게다가 이번 일을 겪은 뒤로 부쩍 우울해지면서 말수도 적어지고 귀찮아져서 말 자체를 잘 안 하게 된다고 했다. 어쩌다 말을 해도 매우 조심스럽고 짧게 말했다.

"왜 이렇게 되었는지 모르겠어요. 오로지 열심히 살아왔는데, 내가 모든 책임을 져야 한다는 게 몹시 억울합니다. 저도 분명 잘못했습니다. 하지만 그 많은 서류를 다 볼 수도 없는 노릇이었고…… 그래도 정말…… 이렇게 살아야 하는지. 왜 이렇게 운이 없는지……. 정말 열심히 살았는데 이 지경이 되고 나니까 내가 제대로 사는 것인지 회의가 들었어요. 이번 기회에 차라리 직장을 그만두고 나가서 다른 일을 해볼까도 생각했어요. 하지만 내가 할 수 있는 것이 정말 없더군요. 벌컥 겁이 나고……. 이 나이를 먹도록 할 줄 아는 게 이렇게 없다니…… 정말 제 자신이 한심합니다. 직장에 나가면 사람들이 수군거리는 것 같고, 윗사람들은 눈도 안 마주치고 저를 피하는 것 같아요. 진급도 막혀버렸고……."

착하고 성실하게 살아왔던 김 과장은 자신감을 잃고 우울해지면서 비관적이 되었다. 체중이 줄고 잠을 못 자고 가슴이 답답한 우울 증상이 나타났다. 우울증은 생각의 체계를 완전히 바꾸어버린다. 우울하지 않을 때도 도저히 생각할 수 없는 방식으로 생각을 하게 된다. 우울한 사람이 자살이라는 극단적인 선택을 할 수 있는 것도 그 때문이다. 자신을 둘러싼 모든 것을 부정의 눈으로 바라본다. 세상이 전부 부정적으로 보일 뿐이다.

김 과장과는 면담 자체가 쉽지 않았다. 워낙 우울하고 침체돼 있었고 매사를 귀찮아했으며 치료 자체를 부정적으로 생각했지만 항우울제를 복용하면서 잠도 좀 자고 식사도 제대로 하게 되면서 기운을 좀 회복했다. 좌절감과 상실감으로 매사를 부정적으로 바라보았으니 이제는 한 발 떨어져서 지금의 위기 상황을 생각해보자고 말했다. 그리고 자신에게 지금의 상황을 이겨낼 수 있는 충분한 힘이 있다는 것을 스스로 깨닫게 하는 방향으로 끌어갔다.

"김 과장님은 20년 넘게 공공기관에서 일을 해오셨어요. 그 자체만으로도 충분히 대단합니다."

그의 두 눈동자가 순간 반짝거렸다. 지금껏 한 번도 들어본 적 없는 말을 들은 듯 보였다. 사실 한 직장을 20년 이상 다닌다는 것은 쉽지 않은 일이다. 그만두고 싶은 유혹도 느꼈을 테고, 잘릴지 모른다는 위험한 순간도 있었겠지만 어쨌든 김 과장은 잘 버텨냈다. 그것은 내면에 조용하지만 엄청난 힘이 있음을 말해준다. 나는 그에게 좌절을 심하게 겪었다고, 그것으로 인생이 모두 끝난 것은 아니라고 전해주고 싶었다.

"김 과장님은 이번에 잘못해서라기보다 일종의 사고를 당한 겁니다. 사고야 누구에게나 일어날 수 있는 것 아니겠습니까? 길에 가다 차에 치일 수도 있고, 심지어는 간판이 떨어져서 다칠 수도 있습니다. 운이 나빠 당했을 뿐입니다. 그래도 사고는 당했지만 다행히 죽지는 않았잖아요?"

우울 증상이 조금씩 좋아지면서 김 과장은 부정적인 생각에서도 조금씩 벗어나기 시작했다.

"전부 잃어버렸다고 생각했어요. 하지만 여전히 많은 것을 가지고 있다는 것을 알게 되었습니다. 주변사람들이 제게 능력 없다고 손가락질하는 것 같았는데 단지 운이 없었다고 여긴다는 것을 알게 되었어요."

그동안 마음이 산산조각이 난 직장인들을 수없이 많이 만나왔다. 많은 직장인이 여러 가지 문제들로 아파해한다. 직장에서 시작된 스트레스지만 사실 그 안에는 뿌리 깊은 자기와의 문제가 자리 잡고 있었다. 자신의 문제 안에 갇혀서는 그 어떤 문제도 풀어낼 수 없다. 직장의 문제도 나의 문제에 갇혀서는 풀어갈 수 없다. 어렵지만 한 발 떨어져서 바라보면 모든 어려움 속에는 그것을 풀 수 있는 길이 보인다는 것을 잊지 말자.

스트레스, 결국 나를 알아야 한다

강한 자가 살아남는 것이 아니다. 살아남는 자가 강한 것이다. 이 말은 진리다. 어차피 내가 직장생활을 하겠다고 결심했다면 살아남아야 한다. 그것도 마음과 몸이 성한 곳 없이 엉망진창이 되어서 간신히 목숨만 부지해서는 소용이 없다. 가능한 한 다치지 않고 살아남아야 하는 것은 무림의 세계와 다르지 않다. 나를 노리는 적들 속에서 무예를 겨루든 도망을 가든 연합군을 만들든 어쨌든 살아남아야 한다. 적의 공격 방향을 알면 이기고, 모르면 속수무책으로 당하는 법이다. 직장생활도 다르지 않다. 내가 무엇 때문에 스트레스를 받는지 정확하게 아는 것이 중요하다.

직장생활 속에서 몸과 마음이 힘들다고 말하는 직장인들. 어떻게 하면 직장 스트레스를 피할 수 있을까? 사실 그런 방법은 없다. 무엇을 해도 스트레스는 받기 마련이다. 차이가 있다면 누구는 스트레스를 받아도 잘 버티고, 다른 누구는 같은 스트레스를 받아도 더 힘들어한다는 차이가 있을 뿐이다. 그렇다면 스트레스에 효과적으로 반응하기 위해서는 좀 더 면밀한 자기만의 대처 방법이 필요하다.

스트레스도 지피지기면 백전백승

재미있게도 '스트레스가 쌓인다'고 말하는 나라는 우리밖에 없다. 스트레스라는 말의 원조인 서양에서는 스트레스 상황에 놓인 것을 그냥 'stress'라고 하고, 스트레스를 많이 받는 것을 'stressed' 혹은 'stress out' 정도로 표현할 뿐, 스트레스로 내가 힘들다는 개념은 없다. 그런데 우리는 스트레스를 흔히 '받는다' '쌓아둔다'라는 의미로 쓴다. 주변에서 스트레스를 '주는' 대상(회사, 직장 상사, 동료, 후배 등)이 많다보니, 스트레스가 계속 쌓일 수밖에 없는 것이다. 이렇듯 스트레스에 과도하게 노출되어 있는 환경에서는 우선적으로 스트레스를 '주는' 상황이 해결되어야 스트레스에서 벗어날 수 있다. 스트레스를 계속 받으면서도 그것을 해결하지 못한다는 것은, 사실 스트레스의 실체를 정확하게 파악하지 못하기 때문이다. 스트레스를 모르면 당연히 스트레스를 해결하는 방법도 모를 수밖에 없다.

잘 알고 있는 '지피지기 백전백승(知彼知己 百戰百勝)'은 동양 고전에 없는 말이다. 정확한 원전은 춘추시대 초나라의 병법가로서 병법의 시조인 손무(孫武)가 썼다고 하는 ≪손자≫의 <모공편(謀攻篇)>에 있는 "적과 아군의 실정을 잘 비교·검토한 후 승산이 있을 때 싸운다면 백 번을 싸워도 결코 위태롭지 아니하다[知彼知己 百戰不殆]. 그리고 적의 실정은 모른 채 아군의 실정만 알고 싸운다면 승패의 확률은 반반이다[不知彼而知己 一勝一負]. 또 적의 실정은 물론 아군의 실정까지 모르고 싸운다면 싸울 때마다 반드시 패한다[不

知彼不知己 每戰必敗]"이다.

이 말을 스트레스에 적용해보면, 나도 모르고 스트레스도 모르니, 스트레스에 당할 수밖에 없다고 하겠다. 바꿔 말하면 나를 알고 스트레스를 알면 위태로울 일은 없다는 말이다. 그런데 나를 알고 스트레스를 안다는 것이 쉬운 일인가. 단연코 쉽지 않다. 구글에서 '스트레스 관리'를 검색해보면 1억 개가 넘는 사이트가 나온다. 검색을 통해서 스트레스를 풀려고 하면 사이트를 하루에 열 개씩만 들어간다고 해도 2만 7천 년이 넘게 걸린다. 도무지 가능한 일이 아니다. 의학에는 오래된 명언이 있다. 치료법이 한 가지만 있을수록 치료는 확실하다는 것이다. 교과서에 치료 방법에 관해 여러 페이지에 걸쳐 많은 방법이 소개되는 병은 치료 방법이 모호하고, 더 정확하게는 제대로 된 치료 방법이 없다는 의미다. 제대로 된 치료법이 하나라도 확실하게 있다면 구구절절 나열할 필요가 없다. 마찬가지로 스트레스 관리법이 그토록 많다는 것은 결국 효과적인 방법은 없다는 뜻이다. 이처럼 우리가 스트레스를 잘 통제하지 못하는 이유 중 하나는 스트레스와 여기에 반응하는 나를 잘 모르기 때문이다.

스트레스를 효과적으로 관리하려면 기본적으로 자신의 성격을 아는 것이 중요하다. 쉽게는 자기가 내성적인지 외향적인지를 알면 도움이 된다. 내성적인 사람은 혼자 있을 때 가장 편하고 에너지가 충전되는 느낌을 받는다.

나 역시 내성적인 사람이다. 지금은 좀 나아졌지만 어려서는 수줍음을 많이 탔고, 남들과 어울리는 것이 불편했다. 사람을 사귀는 데 서툴고, 먼저 말을 거는 것도 힘들어했다. 이런 내 성격과는 반대로 내가 주로 하는 일이 강의를 하고 제자들을 지도하는 일이어서 앞에 나서야 할 때가 많다. 이런 내향적인 성격도 꾸준히 노력하다보니 조금씩 사람들 앞에 서는 일에도 익숙해졌다. 주로 강의나 학회 등에서 처음 만나는 사람은 나를 상당히 외향적인 사람으로 여긴다. 어쩔 수 없이 여러 사람과 함께 있게 되면 이른바 '기가 빨린다.' 그래서 나처럼 내성적인 사람에게는 혼자 있는 시간이 반드시 필요하다. 나의 경우 학회에 참석할 때는 가능한 한 혼자서 이동하고 또 혼자만의 시간을 마련하고자 노력한다. 스트레스 관리에서 중요한 것은 내가 어떤 상황에서 에너지를 받는지, 또 어떤 상황에서 에너지를 뺏기는지를 아는 것이다.

한편 내가 어떤 사람인지 알려면 자신의 강점을 알아보는 것도 좋은 방법이다. 한국어판 강점 검사(www.strength5.co.rk)를 통해 자신의 성향을 확인할 수 있다. 대표적인 강점 외에도 '다정한 사람' '유쾌한 사람' '열중하는 사람' '성실한 사람' '지혜로운 사람' '의로운 사람' '섬기는 사람' 등 구체적인 성향도 알 수 있다. 다정한 사람은 마음이 따뜻해서 다른 사람을 잘 챙기므로 함께 일할 때 좋다. 유쾌한 사람은 즐거움을 잘 찾아내며, 밝은 정서를 유지하고 퍼뜨린다. 열중하는 사람은 일에 몰입해서 성과를 잘 내고 새로운 것을 잘 찾아낸다. 성실한 사람은 자기가 맡은 일을 끝까지 묵묵히 완수한다. 지혜로운 사람은 상황과 맥락을 잘 파악하며 판단을 잘 한다. 의로운 사람은 신념에 따라 불의에도 굽히지 않고 불굴의 정신을 발휘한다. 섬기는 사람은 사람을 중요하게 여기고 상대방을 잘 도우므로 대인관계가 원만하다. 만약 직장에서 열중하는 사람이 일에 몰입해서 미친 듯이 일하느라 경황이 없는데 유쾌한 사람이 분위기를 띄운다면 어떨까? 열중하는 사람은 분명 스트레스를 받을 것이다. 이럴 때 나와 동료의 성향을 이해하면 분위기가 훨씬 더 편해질 수 있다.

나의 하루일과 돌아보기

—

오늘 당신의 하루 일과는 어떠했는가? 과도한 업무, 동료와의 갈등, 끝내지 못한 일정 등으로 힘들지는 않았는가. 스트레스에서 자유로운 사람은 없다. 다만 스트레스를 어떻게 대할 것인가는 내가 정할 수 있다. 스트레스의 한가운데서 나를 잃어버리지 않도록 노력해보자. 먼저 당신의 하루 일과를 돌아보면서 자신이 어떤 스트레스 상황에 노출되어 있는지 알아보자.

- 회사 출근준비부터 퇴근 후까지 동선에 따라 하루 일과를 상세히 기록해보자.
- 출근 준비 → 출근길 모습 → 직장에서 모습 → 퇴근 후 일정 → 집 도착까지 매일 반복되는 동선을 정리하고 그때의 기분을 짧게 적는다.
- 가능하면 자세히 적는다. 출퇴근길 마주친 풍경들, 대중교통 이용, 사무실에서 업무, 점심시간, 회의와 외부미팅, 회식이나 야근, 퇴근 후 약속 등을 솔직하게 적는다.

나의 하루 일과

(년   월   일)

시간	동선	나의 모습	나의 기분
오전 8시 40분	사무실 도착	출근하자마자 모닝커피 한잔은 나만의 아침 의례. 오늘 하루도 바쁠 것 같다. 하루를 기분 좋게 시작하자.	Good!

2장

왜 출근만 하면
스트레스가 쌓일까?

점심시간, 달달한 케이크라도 내 마음을 좀 알아줬으면 좋겠다. 입사한 지 벌써 일 년이 넘어가지만 아직 친한 직장동료가 없다. 나보다 1년 먼저 입사한 선배는 뭐가 마음에 안 드는지 유독 나에게만 냉랭하다. 직속상사는 내 일이 아닌데도 잡다한 일은 모조리 나한테 시킨다. 상사의 말이라면 무조건 "네"로 답해야 하는 회사문화도 답답하다. 수평적인 조직이 중요하다고 말하지만 현실에서는 찾아볼 수 없다. 일에서 받는 스트레스보다 사람에게서 받는 스트레스가 더 힘들다.

원리(原理)의 사전적 의미는
'사물의 근본이 되는 이치' 혹은 '행위의 규범'이다.
어떤 일이 왜 일어나는지,
그런 일을 겪었을 때 어떻게 해야 하는지
그것이 바로 원리다.
어려운 문제도 원리로 접근하면 풀 수 있다.
세상에는 스트레스가 넘쳐난다.
그러나 스트레스의 근본 원리를 안다면,
스트레스에서 한결 자유로워질 수 있다.

직장 스트레스의 다양한 요인들

직장 스트레스를 전문적으로 연구하는 한국직무스트레스학회에서는 직장인의 스트레스 요인을 조직문화, 직무 환경, 업무 자율성, 관계 갈등 등 다양하게 구분해서 정리했다. 많은 직장인이 어떤 이유로 스트레스를 받고 있는지를 살펴보자.

더러운 조직의 힘 _조직문화

다정 씨는 다정한 사람이다. 사람을 참 좋아한다. 사람들과 이야기하는 것이 즐겁고 재미있다. 학창 시절에도 여럿이 같이 공부하는 게 좋았고 그럴 때 성적도 잘 나왔다. 친구들도 활달한 다정 씨를 좋아했다. 친구들 사이에서 다정 씨는 친화력의 상징이었다. 그런 다정 씨가 입사 첫날 적잖이 충격을 받았다. 회사에서 아무도 말을 하지 않는 것이었다. 키보드 두드리는 소리, 사각사각 글 쓰는 소리만 간간이 들렸다. 기침 소리도 내면 안 될 것 같은 분위기였다. 점심시간에 구내식당에서 밥을 먹으면서도 사람들은 거의 말을 하지 않았다. 처음에는 회사에 큰일이 있어서 분위기가 그런 줄 알았는데 몇 달이 지나도 그대로였다. 나중에 물어보니 "조직문화가 원래

그렇다"고 했다. 상명하복. 아무리 부당해도 윗사람의 말이라면 군소리 없이 따라야 하는 분위기였다. 아무도 이견을 내지 않았다. 이런 분위기에서 다정한 다정 씨가 사람들과 친밀감을 느끼면서 회사를 다니기란 쉬운 일이 아니었다.

직원들의 입을 막는 조직이 있다. 그야말로 조직의 쓴 맛이다. 의사소통은 전혀 안 되고, 어떤 일에도 낄 수가 없다. 중요한 결정도 나와는 무관하게 내려진다. 정서적으로 나를 도와주는 사람은 아무도 없다. 일을 왜 하는지도 모르겠다. 그러면서도 일을 안 하면 큰일 날 것 같은 마음에 시달린다. 그저 명령을 따르는 기계 같다. 반대로 조직의 분위기 문화가 지나치게 친밀한 직장도 있다. 모든 직원이 가족처럼 지내야 한다. 날마다 회식이고, 주말조차 워크숍이니 야유회니 하면서 몰려다니기 일쑤다. 심지어 취미생활까지 직원들과 같이해야 한다.

이처럼 회사마다 다양한 조직문화가 있다. 내가 조직의 분위기를 바꿀 수는 없다. CEO의 가치관일 수도 있고 오래 내려온 전통일 수도 있다. 문제는 내가 속한 조직의 문화와 내가 잘 맞지 않을 때, 스트레스의 광풍 속으로 빠져든다는 것이다.

엄청나게 쏟아지는 일 _직무 요구도

용구 대리는 전 직장에서 비전을 찾지 못해 헤드헌터를 통해 직장을 옮겼다. 미래의 먹을거리를 개발하는 회사로 시대의 흐름과 딱 맞았다. 수많은 곳에서 데모 요청이 오고, 국제적으로도 알려져서 바이어와의 상담이 끝이 없었다. 회사는 틀림없이 성장할 것이고, 경력을 쌓을수록 몸값도 오를 게 분명하다. 하지만 그에게도 고민이 있다. 도저히 밀려드는 일을 감당할 수 없는 상태다. 이제는 이메일에 답을 하는 것은커녕 다 읽지도 못할 지경이다. 작성해야 할 보고서도 많은데 이대로 가다가는 펑크가 날 것 같다. 할 일이 많아도 너무 많다.

우리나라가 단기간에 경제적 성공을 이룰 수 있었던 비결 중 하나는 한 사람이 여러 사람 몫의 일을 해왔기 때문이다. 우리나라 사람들은 확실히 일을 잘한다. 그러다보니 한 사람이 감당할 수 있는 일의 범위를 훌쩍 넘어서까지 요구한다. 잘 알지 못하는 분야이고 미처 파악하지 못했는데도 해내라고 지시한다. 일이 많아지니 더 긴장하고, 쉴 시간이 없으니 더 지치고 힘들어진다. 연장 근무에 주말 근무를 해도 끝이 안 보인다. 일은 산더미같이 쌓여 있는데 어느 것부터 해야 할지 일의 우선순위를 정할 수가 없다. 또 같은 팀인데 누구는 한가하고 바빠서 허둥대는 사람은 나뿐인 것도 엄청난 스트레스다.

열악한 근무 환경 _직무 환경

한경 씨는 몸이 예민한 편이다. 어려서부터 아토피로 고생을 했다. 페인트칠을 새로 한 곳에 가면 몸이 먼저 반응한다. 안타깝게도 그의 직장 사무실에 창문이 없다. 사방이 꽉 막혀 통풍이 안 된다. 먼지도 많은지 사무실만 가면 몸이 가렵다. 어렵게 구한 직장인데 그만둘 수도 없고, 계속 다니자니 몸이 힘들다. 이런 생각이 깊어지니 직장생활이 서글퍼진다.

소음, 진동, 온도, 환기, 습도, 광도, 위생 같은 물리적인 환경도 스트레스와 직접 연관이 있다. 지속적으로 소음에 노출된다면 두통이 생기고 과민해지며 집중력이 떨어진다. 조직 분위기도 환경에 속한다. 폭력을 휘두르는 상사, 욕설이 난무하는 곳에서는 스트레스를 받을 수밖에 없다. "우리 회사에 미친개가 산다"고 말하는 직장인이 많다. 상사가 쉴 새 없이 짖어대는 것 같다. 그 인간의 얼굴은커녕 목소리만 들어도, 멀리서 뒷모습만 보여도, 발소리만 들려도 미칠 지경이다. 전생에 무슨 악연이라도 있는지 오직 나를 잡아먹기 위해 회사를 다니는 것 같은 가학증 환자 같다. 소리를 지를 때 번들거리는 상사의 눈이 꿈에까지 나온다. 그뿐 아니라 동기는 잘난 체하고, 후배는 나를 무시하면서 치받는다. 위로, 옆으로, 밑으로…… 사방을 둘러봐도 다 나를 공격하는 사람들뿐이다. 스트레스가 넘쳐흐른다.

스스로 결정할 수 없다 _업무 자율성

지윤 씨는 최근에 회사를 옮겼다. 이전 회사에서는 알아서 일을 했고 나름대로 성과도 좋아서 잘 지냈지만 출퇴근이 힘들어서 가까운 곳으로 회사를 옮긴 것이다. 그런데 새 직장에서는 자신이 스스로 결정할 수 있는 것이 하나도 없다. 이전에는 웬만한 일은 알아서 결정하고 보고하면 되었는데 여기서는 팀장, 과장, 부장, 이사님까지 줄줄이 보고를 하여야 한다. 5만원 건을 결제하는 것도 첩첩산중이다. 거래처에서는 난리를 치는데 어떻게 대처해야 할지 난감하다. 지난번에 이 정도는 내가 해도 되겠지 해서 했다가 정말 눈물이 쏙 빠지도록 혼이 났다. 이렇게 일 년이 되다보니 정말 아무것도 혼자서는 못할 것 같다. 어떤 일을 보고했더니 그런 것은 알아서 하란다. 또 알아서 했더니 왜 일을 그렇게 처리했냐고 한다. 자신이 결정할 수 있는 것이 아무 것도 없으니 답답해서 미칠 지경이다.

대개 회사에서 일이 제일 힘든 사람은 사장이다. 하지만 사장은 아무리 힘들어도 버틴다. 일종의 주인의식이다. 직원들에게 "주인의식을 가져라!"고 외친들 '주인'을 '의식'해서 잘하라는 소리로밖에 들리지 않는다. 주인은 덜 힘들다. 다시 말해 주인이 아니면 힘들다는 의미다. 주인에게는 자율성이 있다. 자기에게 권한이 주어지면 웬만큼 힘든 일도 견딜 수 있다. 권한은 없고 시키는 일만 해야 한다면 만족도는 낮고 자존감은 떨어져 스트레스를 받을 수밖에 없다.

직무 스트레스 분야의 대가 카라섹 박사에 따르면, 직장 스트레스의 원인은 일이 얼마나 많고 힘드냐, 즉 직무 요구도 못지않게 업무 자율성이 영향을 끼친다고 한다. 컨베이어벨트에서 나오는 제품을 드라이버로 조이는 일을 한다고 가정해보자. 제품 하나를 조이는 데 10분 정도 걸린다고 할 때, 한 시간에 하나 정도 제품이 나와서 10분 정도 일하고 50분을 쉰다면 해볼 만한 일이다. 그런데 한 시간에 하나씩 제품을 생산하는 속도가 점점 빨라져 한 시간에 다섯 개가 나온다면 50분을 쉴 새 없이 일하고 10분 정도 쉬게 된다. 급기야 한 시간에 여섯 개를 생산해야 한다면 화장실도 못 가고 온종일 기계 앞에 붙어 있어야 한다. 직무 요구도가 높아질수록 일은 당연히 힘들어진다.

이때 업무 자율성 개념이 들어가면 상황이 좀 달라진다. 직무 요구도가 낮으면 일은 편할 것 같지만 그것은 다른 의미로 일이 언제 떨어질지 모른다는 말이다. 일이 주어지는 시간도 내 의지와는 전혀 무관하다. 일이 떨어졌을 때 내가 딴짓을 했다가는 하루 일을 공칠 수도 있다. 그러다보니 온종일 눈에 불을 켜고 언제 일이 떨어질지 기다려야 한다. 하루에 부품 하나를 조이는 일은 쉬워 보이지만 언제 그 일을 할지를 내가 결정할 수 없다면 역시 힘들 수밖에 없다. 내가 편할 때 부품을 조일 수 있다면 일은 훨씬 편하다. 스스로 자율적으로 일한다면 열 배의 일을 하더라도 마음 내킬 때 100분 정도 일하고 나머지는 알아서 하면 되니까 훨씬 편한 '꿀보직'이다. 누구나 스스로 알아서 일할 때 스트레스를 덜 받는 것이다.

일보다 사람이 힘들다 _관계 갈등

우리 씨는 대인관계가 원만한 편이었고 관계 때문에 불편함을 느낀 적도 별로 없었다. 그런데 취직을 하고 나서부터 대인관계의 어려움을 깨닫기 시작했다. 일을 하면서 좀 가까워진 김 부장과 식사도 하고 이런저런 이야기도 나누었는데 고등학교 선배인 박 부장이 그 일을 문제 삼았다. "학교 후배여서 입사 초기에 특별히 신경을 써주었는데 이제 와서 배신을 해?"란다. 알고 보니 김 부장과 박 부장은 회사에 소문난 견원지간이었다. 직원들도 둘 중 한 라인을 잡지 않으면 회사생활이 어려워져 줄을 섰다고 했다. 이런 이야기를 박 부장에게 직접 들었다면 해명이라도 할 텐데 동료 직원을 통해서 들어서 우리 씨의 입장이 더 난처했다. 눈치를 살피면서 김 부장의 점심 제안을 몇 번 거절했더니 이번에는 김 부장 라인인 동료가 와서 "역시 너는 박 부장 라인이구나. 줄 잘 서"라고 했다. 뭐가 이렇게 복잡한지, 이제는 말을 전해주는 동료도 믿을 수가 없었다.

일전에 '가치 엽서 프로젝트'를 실행해본 적이 있다. 평소에 잊기 쉬운 개념인 나만의 가치, 내 삶을 의미 있게 만드는 것 등을 엽서에 쓰면서 그 이유를 되새겨보는 프로젝트였다. 우리나라 사람들이 가장 가치 있다고 응답한 것은 '관계'였다. 우리나라 사람들은 유난히 관계를 중요하게 여긴다. 다른 나라 사람들은 자국을 말할 때 '우리' 나라라고 하지 않고 'My' country라고 한다. 우리는 집도 '우리' 집이다. 영어는 My home, My house다. 심지어 아내를 소개할 때도 "우리 집사람"이라고 말한다. 무슨 일처다부제도 아니고 이 표현을 그대로 영어로 옮기면 의심받을 만한 상황이 벌어질 것이다. 이렇게 '우리'가 중요한 것을 보면 확실히 우리는(또 '우리'다) 개인주의보다 집단주의 성향이 강하다.

직장에서 가장 힘든 것 역시 '관계' 문제다. 일 자체가 힘든 것은 견디겠는데 사람들하고 힘든 것은 정말 참기 어렵다고 한다. 사람 덕분에 힘을 얻기도 하지만, 사람 때문에 스트레스를 받기도 한다. 상사, 동료, 하급자와의 관계는 직장에서뿐 아니라 직장 밖에서도 이어진다. 괴롭힘, 따돌림이 학교에서만 있는 일은 아니다. 고함, 욕설과 같은 언어폭력, 굴욕감을 주고 조롱하거나 명예 훼손, 비방, 험담, 훼방, 친한 척, 사생활 침해, 트집 잡기 등 직장생활에서 오는 관계 스트레스가 엄청나다.

난 뭐하는 사람이지? _역할 혼동

호동 씨는 최근 이직을 하고 전임자에게 사흘 동안 업무 인수인계를 받았다. 일은 별로 어렵지 않았다. 처음 한 달은 잘해냈다. 그런데 분위기가 좀 이상해졌다. 상사가 "왜 이런 일을 안 하냐?"고 채근하기 시작했다. "전임자에게 듣지 못한 일이라 잘 모르겠습니다"라고 대답했더니 전임자가 다 하던 일이라고 했다. 그 일을 하고 났더니 또 다른 일이 생겼다. 이런 일이 반복되자 정신이 없었다. 일은 그렇다 치더라도 윗사람이 자신을 게으른 사람으로 취급하는 것 같아 영 싫었다. 눈치를 보다가 기획안을 올렸더니 "뭐하러 이런 일을 하느냐?"는 타박이 돌아왔다. 도대체 일을 하라는 건지 말라는 건지 헷갈렸다. 찍히지 않으려면 자발적으로 일해야 할 것 같은데 적극적으로 일하면 월권이다, 나댄다는 말을 듣게 되니 이러지도 저러지도 못하고 망설이게 되었다.

직장에서 내가 할 일과 하지 않아야 할 일이 명확하지 않으면 매우 힘들다. 역할 간에 갈등이 있거나 뭐하는지 모호한 경우가 많다. 내 업무가 아닌 일을 해야 하는 것도 힘들다. 상사나 전임자들의 설명이 불충분하거나 조직 재편 과정에서 처음 생기는 부서일수록 이런 일이 많다. 외국의 회사는 직무 기술(job description)에 관한 매뉴얼이 잘 정리되어 있다. 직무의 정의부터 무슨 일을 해야 하고, 그 일과 관련한 윤리는 무엇이며, 어떻게 해야 하고, 비상시 대처 방법부터 문제가 발생했을 때 보고체계 등도 상세해서 매뉴얼만 따르면 별 문제가 없다. 그러나 우리나라 기업은 특히 규모가 작을수록 매뉴얼이 아니라 전임자에게 인계받은 대로 일을 하는 경우가 많다. 당연히 직무에 따른 혼란이 있을 수밖에 없다.

지금까지 직장 스트레스를 유발하는 요인들을 살펴봤다. 이외에도 다양한 요인이 있다. 업무 강도에 비해 급여가 적은 것, 적성에 맞지 않는 일, 비전이 없는 일, 일의 의미도 모른 채 하는 단순 작업, 불공정한 인사나 상벌, 유명무실한 조직 체계 등 이런 일을 겪고 나서 나타나는 스트레스 반응은 저마다 다르다.

스트레스를 받으면 마음이 힘들고 몸이 안 좋아지고 행동이 나빠지는 것은 스트레스의 공통 분모지만 직장에서는 아주 특별한 방식으로 나타날 수 있다. 일단 출근에 문제가 생긴다. 주로 지각으로 나타난다. 뉴욕의 한 직장에서 일하는 직원을 대상으로 한 연구에 따르면 연봉이 높을수록 출근 시간이 이르다고 한다. 지각하는 이유야 교통문제, 집과 회사의 거리 등 여러 가지가 있겠지만 잦은 지각은 직장 스트레스의 초기 징후다. 지각에서 차츰 조퇴, 결근으로 이어지다가 나중에는 병가, 휴직으로 이어질 확률이 높다.

스트레스 발생의 원리

스트레스 하면 대개 힘든 것, 괴로운 것, 싫은 것, 부담스러운 것 정도를 떠올린다. 스트레스가 많다는 것은 일이 많다, 바쁘다, 일이 어렵다 등으로 해석한다. 또한 괴롭히는 사람이 많다, 당장 처리해야 할 일이 산적해 있다는 것도 포함된다. 어떤 사람은 머리가 아프다, 불안하다, 속상하다를 스트레스라고 표현하기도 한다. 이처럼 스트레스 한마디에 아주 많은 의미가 포함되어 있다. 그렇다면 스트레스는 무엇 때문에 생기고, 스트레스로 어떤 반응이 일어나는지, 그리고 스트레스를 어떻게 관리할 수 있는지를 세 가지로 구분해서 살펴보자.

무엇이 스트레스를 주는가? _스트레스 요인

첫째, 스트레스를 주는 것이 스트레스다. 예를 들어 돈이 스트레스 요인인 경우가 있다. 경제적인 문제는 당연히 생존과 직결된다. 생존과 관련한 극단적인 상황이 아니더라도 상대적 빈곤 역시 스트레스 요인이 될 수 있다. 주위에는 나보다 잘살고 부유한 사람이 얼마든지 많다. 그런 사람들을 바라보는 마음이 아주 편하지만은 않다. 그들을 볼 때마다 성공하고 싶고, 명예를 누리고 싶은 것도 스트레스 요인이다. 이상과 현실이 많이 차이가 날수록 스트레스를 받기 쉽다.

직장 역시 돈과 관련된 스트레스 요인이 넘쳐난다. 사실 많은 사람이 로또에 당첨된다면, 거액을 상속받는다면 직장을 그만두겠다며 이구동성으로 말한다. 돈 때문에 오늘도 어쩔 수 없이 출근한다고 생각한다. 간, 쓸개 다 빼놓고 비굴한 웃음을 날리는 것도, 야단을 맞고도 대꾸 한마디 못하고 화장실에서 눈물을 삼키고 다시 책상으로 돌아가는 것도 결국은 돈 때문이라고 말한다. 직장인들에게는 돈이 엄청난 스트레스인 것이다.

또 다른 스트레스 요인은 건강 문제다. 아픈 것은 큰 스트레스 요인이다. 병원에서 일하다 보니 아픈 사람을 많이 만난다. 사실 건강 문제가 돈보다도 더 중요할 수 있다. 건강할 때는 건강의 중요성을 간과하다가 건강을 잃고 나서야 뒤늦게 후회하며 힘들어한다. 아프면 고관대작도 부귀영화도 달갑지 않다. 자기뿐 아니라 사랑하는 사람과 가족이 아픈 것도 큰 스트레스 요인이다. 평소 다정하지 않던 부부도 배우자가 중병에 걸리면 마음이 아프다. 자식이 아픈 것만큼 고통스러운 것도 없다. 차라리 내가 대신 아프고 싶을 정도다. 직장은 비교적 건강한 사람들의 집단이다. 몸이 튼튼해야 일을 할 수 있으므로 비교적 병이 적다. 어찌 보면 우리나라 건강보험 체계가 유지되는 것도 직장인들 덕분이다. 보험료는 꼬박꼬박 내면서도 일정이 바빠 혹은 건강해서 병원에 잘 가지 않기 때문이다. 그런데 바로 그런 이유로 건강을 잃기 쉽다. 자기 몸을 살피지 않고 열심히 달리다가 몸이 갑자기 쓰러지는 직장인이 꽤 많다.

마지막으로 흔한 스트레스 요인은 사람이다. 주변을 둘러보라. 나를 괴롭히는 사람이 떠오르는가. 상사가 괴롭히고 동료는 얄밉게 굴고 후배는 치받는다. 직장에서뿐 아니라 가족 사이의 갈등으로 힘든 사람도 많다.

오래전에 우리 연구실에서는 회사 직원 약 2,500명을 대상으로 스트레스 요인이 많은 사람과 적은 사람을 비교해보았다. 그 결과 스트레스 요인이 많은 그룹이 지난 1년 사이에 몸이 더 아팠고, 더 불안했고, 더 우울했다. 스트레스 요인이 많을수록 힘들다는 뜻이다. 그렇다면 스트레스의 문제를 돈과 건강, 사람 문제를 해결하는 방법으로 배워야 한다.

스트레스 상황에 얼마나 잘 견딜까? _스트레스 반응

둘째는 스트레스 반응이다. 스트레스 개념을 사람에게 적용한 사람은 캐논(Cannon)이라는 학자였다. 그는 일정 양의 스트레스를 견디다가 더는 견딜 수 없는 지경에 이르러 나타나는 반응을 스트레스라고 정의했다. 그런 전통을 이어서인지 학계에서 발간한 스트레스 관련 교과서를 보면 대부분 스트레스를 어떤 일에 대한 적응 반응이라고 설명한다.

일반적으로 스트레스 요인이 있으면 몸에도 반응이 일어난다. 스트레스는 생각과 마음으로 받아들이지만 그 반응으로 몸이 움직인다. 정신과 신체, 몸과 마음은 떼려야 뗄 수 없는 관계다. 마음이 아프면 몸이 아프고 몸이 병들면 마음에도 병이 든다. 정신-신경-면역-내분비계는 하나로 연결되어 있어서 스트레스를 받으면 몸으로 다양한 반응이 나타난다. 예를 들어 스트레스를 받으면 몸이 긴장하고 잔병이 잦아지고 혈압, 혈당도 올라가고 성인병도 생긴다. 심지어 암도 스트레스가 쌓여서 생긴다고 본다.

건강한 직장인들도 스트레스가 쌓인 것을 몸으로 쉽게 확인할 수 있다. 몸 구석구석이 결리거나 쑤시고, 눈이 침침한 것을 시작으로 가슴이 답답하거나 저리고 머리가 아프고 소화가 안 되다가 급기야는 당과 콜레스테롤 수치가 올라가고 지방간이 생긴다. 스트레스가 해결되지 못하면 마음도 반응한다. 우울하고, 불안하고, 걱정이 많아지고, 괜히 슬퍼지고, 조급해지고, 화를 못 참고, 다 때려치우고 싶어진다. 짜증나고 섭섭한 것도 많아진다. 스트레스를 받으면 행동도 나빠진다. 음주, 흡연, 도박에 심지어는 마약으로 빠지는 사람도 있다. 스마트폰, 게임, 인터넷, 야동, 쇼핑에 중독된 사람들도 알고 보면 스트레스의 희생양이다.

나의 방호벽은 얼마나 단단할까? _심리자원

세 번째는 중재 요인으로서 심리자원이다. 스트레스 요인이 많다고 해서 그만큼 반응이 많은 것은 아니다. 스트레스 요인을 정말 많이 가지고 있으면서도 꿋꿋하게 살아가는 사람도 얼마든지 있다. 찢어지지 않는 가죽부대처럼 아무리 부어도 무한히 스트레스를 받아낸다. 반면에 스트레스 요인이 적은데도 크게 반응하는 사람도 있다. 사소한 모든 것이 다 스트레스 반응으로 연결된다. 한 번 건드리면 삑삑 우는 고장 난 경보기같이 울어댄다. 그렇다고 요인은 많은데 반응이 없다는 것이 반드시 좋은 것만은 아니다. 스트레스가 밀려드는데 아무렇지도 않은 듯 견디다가 갑자기 쓰러져버릴 수 있기 때문이다. 과로사가 대표적인 예다. 견디다 견디다 결국 결단이 난 것이다.

일반적으로 여성은 솔직하게 아프다고 말한다. 아프면 불평도 한다. 그런데도 여성의 수명이 남성보다 훨씬 길다. 우리나라 평균 수명만 따져도 여성이 남성보다 7년은 더 산다. 남성은 아파도 아픈 줄을 모르다가 한순간에 무너질 수 있다는 말이다. 어느 정도 자극을 받으면 반응하는 것도 필요하다. 그렇다고 해서 모든 것에 다 반응할 필요는 없다. 이때도 적당히, 중용이 필요하다. 적당히 반응하되 웬만한 것에는 견딜 줄 알면 된다.

중재 요인이란 방호벽을 만들어서 버틸 수 있는 자원이 얼마나 되느냐와 직접 관계가 있다. 쓰나미가 밀려들어도 방호벽이 높으면 피해를 최소화할 수 있다. 일종의 심리자원인 셈이다. 예를 들어 어떤 사람은 몇 십만 원이 없어서 목숨을 끊기도 하지만 그 정도의 돈을 잃어버렸는지조차 모르는 사람도 있다. 심리자원이 많으면 스트레스를 견디기가 쉬워진다.

심리자원은 다양하다. 돈도 자원이고, 사랑하는 사람도, 가족도 자원이다. 품성도, 체력도 자원이다. 또한 자살을 막는 가장 큰 요인 중 하나가 자녀다. 사랑하는 사람이 있다면 그 사람을 생각하면서 스트레스를 견딜 수 있다. 누군가에게는 스트레스 요인인 사람이 다른 누군가에게는 스트레스를 방호하는 자원이 된다. 어쨌든 심리자원이 많을수록 스트레스에 강하다.

스트레스를 해결하는 방법을 배우고 익히는 것도 심리자원이 될 수 있다. 직장이야말로 스트레스 요인이 쌓여 있고 그로 인해서 스트레스 반응이 나오는 대표적인 곳이다. 자신의 스트레스를 효과적으로 관리하려면 심리자원을 풍부하게 만드는 것이 필요하다. 그래야 밀려드는 스트레스의 쓰나미를 견뎌낼 수 있다. 자신을 보호해줄 심리자원이 충분하다면 스트레스가 꼭 나쁜 것만은 아니다. 감당할 수만 있다면 스트레스는 나를 성장시키는 에너지원이 되기도 한다.

스트레스 관리의 원리

흔히 스트레스를 관리하라고 하면 스트레스 요인을 해결하거나 스트레스 때문에 나타나는 몸과 마음, 행동의 반응을 바꾸려고 한다. 그런데 직장 스트레스 관리는 무엇보다 심리자원으로 접근하는 것이 좋다. 물론 스트레스 요인이 얼마쯤 있어야 동기가 생기는 것처럼 적당한 반응도 나쁘지는 않다. 예를 들어 시험을 앞두고 어느 정도 불안하고 떨리는 반응이 있어야 공부를 더 하게 되고, 중요한 프로젝트를 앞두고 조금은 긴장을 해야 준비를 더 잘하게 된다. 그런데 이런 스트레스 반응이 지나치면 자칫 역효과가 날 수 있다. 이럴 때 스트레스에 따른 반응이 지나치지 않으려면 개인의 심리자원(스트레스에 견디는 힘)이 충분히 있어야 한다. 솔직히 심리자원을 만드는 것 외에 우리가 할 수 있는 일이 별로 없다. 예를 들어 대표적인 스트레스 요인이 가난이다. 돈을 많이 벌면 좋겠지만 누가 그것을 몰라서 벌지 못하겠는가. 많이 벌고 싶은데 안 되는 것이다. 건강 문제도 마찬가지다. 아프고 싶어서 아픈 사람은 없다. 건강관리를 하려고 해도 이미 악화된 건강을 어쩌겠는가. 사람 문제 역시, 대인관계를 나쁘게 하겠다고 마음먹는 사람은 없다. 살다보니 안 되는 것이다.

그렇다면 스트레스 반응은 조절할 수 있을까? 반응은 대개 체질적으로 결정된다. 태어날 때부터 민감한 아이가 있고, 작은 일에도 잘 반응하는 사람이 있다. 어떤 사람은 사촌이 땅을 사면 배가 아프고, 자식이 속을 썩이면 골치가 아프다. 이미 반응에 따른 증상이 나와서 몸과 마음이 아프고 행동도 나빠졌는데, 이때 스트레스를 관리하라는 것은 그냥 병원에나 가라는 것과 다를 바 없다. 이처럼 우리에게 심리자원이 필요한 이유는 이것 외에는 스트레스를 관리할 별다른 방법이 없기 때문이다.

심리자원은 재정자원(돈, 물질적 자산)과 비슷하면서도 다르다. 심리자원이나 재정자원 모두 잔고가 두둑하면 위기의 상황에서 꺼내 쓸 수 있다는 공통점이 있지만 그 자원을 얻기 위해 필요한 노력은 확연히 다르다. 심리자원은 스스로 노력해서 차곡차곡 쌓아놓는다면 얼마든지 많이 벌 수 있지만, 재정 자원은 아무리 노력해도 원하는 만큼 벌기 어려운 게 사실이다.

단 하나의 심리자원으로도 나를 지킬 수 있다 _스위스 치즈 원리

크고 작은 사고들이 꼬리에 꼬리를 물면 돌이킬 수 없는 큰 사고로 이어지고 만다. 대부분의 끔찍한 사고를 불가항력이라고 말하지만, 가만히 들여다보면 중간 어느 쯤에서라도 잘 막았다면 그 피해를 줄일 수 있는 경우가 많다. 전 국민을 슬픔으로 몰아넣은 세월호 참사만 해도 수많은 사고(펑크)들이 드러났다. 배의 적재량 초과, 화물의 고박 불량, 배 시설의 무리한 증축, 선장의 비윤리적 행위, 운항 통제 기관의 업무부실, 구조 활동의 부실, 정부의 위기관리 능력 부재 등 크고 작은 사고가 연결되면서 큰 재난이 일어났던 것이다. 이처럼 중간에 막지 못한 사고는 더 큰 사고를 불러올 위험이 있다. 이는 재난뿐만 아니라 직장 스트레스의 경우도 마찬가지다. 다음의 직장인 사례를 살펴보자.

태산 씨는 성실한 직장인이다. 얼마 전 바이어와의 협상이 실패해서 계약이 이뤄지지 못했다. 그 일로 그는 승진에서 누락되었다. 그는 이번 일로 동기들에게도 크게 뒤처지고 말았다. 그런데 다음 승진 심사부터 기준이 달라진다고 해서 부담이 더 늘었다. 우선 일정한 점수 이상의 영어 실력이 필수 조건이어서 어쩔 수 없이 학원을 등록했다. 집에서 회사까지 영어 학원 수강 때문에 더 일찍 집을 나와야 했다. 어린 청강생들 틈에 끼어서 진을 빼고, 출근하는 일과가 반복되니 온종일 피곤했다.

문제없이 진급이 되었다면 태산 씨가 앉아 있을지 모르는 부서장 자리에 외부에서 영입된 사람이 앉아 있었다. 미국에서 MBA 과정을 밟았다는데 미국에서 살다 와서 그런지 은근히 말을 놓는 것처럼 말하는 것도 마음에 안 든다. 나이가 많은 부하 직원이기 때문일까, 태산 씨를 유독 견제한다. 태산 씨가 의견을 내는 족족 묵살한다. 부하 직원들 앞에서 태산 씨에게 고래고래 소리를 지른 일이 한두 번이 아니다. 하루에도 몇 번씩 사직서를 던지고 싶지만 처자식을 생각하니 그럴 수도 없다.

태산 씨를 대하는 직원들의 태도도 여간 난처한 게 아니다. 직원들끼리 모여 이야기를 하는 중에 태산 씨가 가까이 가면 종종 분위기가 어색해지곤 한다. 자격지심인지 갈수록 부하 직원들이 태산 씨를 무시하는 듯 느껴진다. 하루는 회식 자리에서 취기가 올라 평소 건방지던 후배에게 좀 심한 소리를 했더니 대들면서 멱살잡이를 했다. 이것이 회사에 알려져서 시말서를 쓰고 징계를 받게 되었다. 고등학교 동창들을 만나 맥주 한 잔 하면서 직장 스트레스를 푸는 게 그나마 위안이 되었다. 오랜만에 만난 친구는 주식으로 큰돈을 벌었다고 자랑하면서 "무조건 대박"이라며 좋은 정보를 알려주었다. 특허 직전의 신생 IT 기업으로 다섯 배는 오를 것 같지만 무리하지 말고 두 배 올랐을 때 나가면 된다고 했다. 친구가 알려준 다른 주식에 소액을 투자해 한 30퍼센트 이상 올라 돈을 약간 벌자 주식에 재미를 붙이기 시작했다. 신생 IT 기업의 주식에 조금 투자하고 급기야는 대출까지 받았다. 하지만 시장이 급격하게 나빠지더니 결국 도저히 감당할 수 없게 되었다. 투자한 회사는 상장 폐지되고 투자금은 물거품이 되었다.

아내에게 어렵게 이 사실을 고백했더니, 아내의 이야기가 그를 더욱 놀라게 했다. 그 몰래 동서 사업 자금이라고 처형에게 돈을 꾸어 주었는데 완전히 망해버려서 그 돈을 못 받게 되었다고 했다. 아내와 내 탓이네 네 탓이네 하며 크게 다투다보니 집에 들어가기 싫고 술만 마셨다. 아내는 친정에 쓴 돈은 갚겠다면서 일을 하러 나가기 시작했다. 유난히 엄마를 따르는 중학생 아이는 엄마가 직장을 구한 뒤로 점점 이상해지는 것 같았다. 공부는커녕 아침에 잘 일어나지 않고 지각을 밥 먹듯이 하더니 슬슬 학교도 안 가는 눈치였다. 술, 담배도 하는 것 같았다. 하루는 속이 상해 아이를 붙잡아 앉혀놓고 이런저런 이야기를 하는데 "아빠가 해준 게 뭐가 있어. 나는 내 인생 살겠으니 신경 꺼"라며 대들었다. 정말 참다가 한 대 쥐어박았더니 이제는 아빠하고는 말도 하지 않으려고 해서 관계가 완전히 깨져버렸다.

돌파구가 될 수 있을까 싶어 미국 지사로 파견을 신청했다. 운이 따랐는지 파견 결정이 났다. 말썽만 부리던 아이도 미국으로 간다고 하니 자기도 같이 가겠다고 했다. 아내도 함께 떠나기로 동의했다. 오랜만에 긴장이 좀 풀렸을까. 이른 새벽에 집을 나섰다가 졸음을 못 이겨 잠깐 눈을 깜빡였는데 그만 교통사고가 났다. 경찰은 "죽을 수도 있을 만큼 큰 사고였습니다. 갈비뼈 골절 정도로 끝난 것이 다행입니다"라고 했다. 골절을 치료하려면 몇 달 이상 쉬어야 했다. 병가로는 감당이 안 되고 휴직을 해야 했다. 미국 지사 파견은 물 건너 가버렸다. 아내는 "미국으로 갈 생각으로 어렵게 구한 직장까지 퇴사했는데 이게 무슨 일이야"라며 훌쩍거렸다. 아이도 "아빠는 늘 이런 식이다"라며 예전으로 돌아갔다. 결국 태산 씨는 거듭된 스트레스로 주저앉고 말았다.

- 만약에 바이어와 계약이 성사되었더라면
- 만약에 그가 진급이 되었다면
- 만약에 그 부서장과 잘 지냈다면
- 만약에 후배직원과 멱살잡이만 하지 않았다면
- 만약에 주식 투자를 하지 않았더라면
- 만약에 동서의 사업이 망하지만 않았더라면
- 만약에 아이를 때리지만 않았더라면
- 만약에 교통사고가 나지 않았더라면

이처럼 수많은 '만약에'가 실제로 일어났다면 상황은 어떻게 변했을까? 이중 단 하나라도 일어나지 않았거나 잘 방어했다면 지금처럼 감당하기 어려운 일은 일어나지 않았을 것이다. 누구나 스트레스 상황이 연속적으로 일어나면 스트레스 더미에 쓰러질 수 있다. 큰 사고는 사소한 사고들이 서로 연결되고 이어지면서 벌어진다. 이를 다음과 같이 '스위스 치즈 원리'로 설명할 수 있다.

- 여러 종류의 스위스 치즈 덩어리를 나란히 늘어놓는다. 치즈 덩어리에 난 구멍은 무작위로 뚫려 있다(치즈가 발효되면 구멍이 뽕뽕 뚫린다).
- 길고 가는 막대기로 치즈 구멍에 하나씩 꽂아본다. 각각의 치즈들이 다 같은 위치에 구멍이 나 있다면 한 방향으로 꽂을 수 있다. 하지만 현실적으로 이럴 가능성은 거의 없다. 여러 개의 치즈

스위스 치즈 원리 : 막대가 치즈 여러 개의 구멍을 관통하려면 각각 치즈의 구멍이 같은 위치에 같은 방향으로 뚫려 있어야 한다. 단 하나라도 구멍의 위치나 방향이 다르면 구멍을 관통할 수 없다.

에 난 구멍을 막대기 하나로 연결하려면 치즈의 구멍들이 반드시 같은 방향과 위치에 뚫려 있어야 하기 때문이다. 만약 단 한 개의 치즈 구멍이라도 다른 위치나 방향으로 나 있다면 막대기는 지나갈 수 없다.

· 정리해보자. 하나의 펑크(구멍)가 다음 펑크로 연결되고, 또 그것이 다음 펑크로 연결되면 무방비 상태로 뚫리는 상황이 벌어질 수 있다. 만약 중간에 어느 한 지점에서라도 구멍이 다른 방향으로 나 있었다면 막대기는 더 이상 치즈 속으로 들어갈 수 없다.

한편 스위스 치즈 원리를 스트레스 상황에서 살펴볼 수 있다. 나를 찔러대는 수많은 스트레스를 길고 가는 막대기로, 또 심리자원인 방호벽을 치즈 덩어리로 가정해보자. 막대기(스트레스)가 치즈 덩어리를 찔러대기 시작한다. 처음에는 뚫린 구멍으로 잘 들어가던 막대기가 어느 쯤에서 진행을 멈춘다. 뚫린 구멍이 하나만 막히거나, 구멍의 방향이 하나만 달라도 막대기는 더 이상 치즈 덩어리를 뚫지 못하게 된다.

막대기가 치즈 구멍 안으로 들어간다는 것은 스트레스가 방호벽

없이 계속 쌓여간다는 것을 의미한다. 반면에 치즈 속으로 잘 들어가던 막대기가 어느 지점에서 구멍이 막히게 되면 더 이상 들어가지 못한다(마치 은행의 서버 방호벽이 하나가 뚫리더라도 그다음 방호벽에서 막힌다면 더 이상 해킹이 진행되지 못하는 것 같다). 즉 방호벽 하나가 뚫리더라도 다른 심리자원이 막아준다면 계속 찔러대는 스트레스에 쉽게 무너지지 않는다는 의미다.

방어막의 높이가 스트레스를 막는다 _방파제 원리

1967년 일본 이와테현 북부의 작은 어촌 마을인 후다이에 논란이 일었다. 방조제를 새로 쌓기에 앞서 방조제의 높이를 둘러싸고 공방이 붙었다. 당시 촌장은 방조제 높이를 15미터 이상으로 해야 한다고 주장했다. 인근 마을인 미야코시의 방조제 높이가 10미터였는데 이것도 보통 방조제보다 높아서 만리장성으로 불릴 정도였다. 하지만 후다이 마을의 촌장은 메이지 시대에 15미터 높이의 쓰나미가 덮쳤다는 기록이 있으므로 반드시 방조제의 높이가 15미터 이상은 되어야 한다고 주장했다. 많은 사람이 쓸데없이 많은 돈이 든다며 반대했지만 촌장은 물러서지 않았다. 당시로는 막대한 자금을 투입하여 드디어 유례를 찾아보기 힘든 거대한 방파제를 완공했다.

그로부터 43년이 지난 2011년 3월 11일 14시 46분 경, 일본 미야기현 센다이 동쪽 179킬로미터 지점의 산리쿠오키 해역에서 일본 관측

사상 가장 강한 지진이 일어났다. 모멘트 규모 9.0이었다. 이 지진으로 도호쿠 지방과 간토 지방의 대부분, 특히 미야기현을 중심으로 한 태평양 연안의 도시들은 거대한 지진 해일에 직격탄을 맞았다. 이른바 도호쿠 지방 태평양 해양 지진으로 사망자 1만 2천 명, 실종자 1만 5천 명을 넘어서는 끔찍한 재난이었다. 그로 인한 원전 사태는 아직도 해결되지 못한 상태로 남아 있다.

후다이 마을의 항구도 거센 물길을 피할 수 없었다. 그러나 딱 거기까지였다. 인근의 다른 마을들을 괴멸시키다시피 한 쓰나미도 높이 15.5미터, 전체 길이 155미터에 이르는 방조제를 넘지 못했다. 이와테현의 공식 사망·실종자는 8천 명을 웃돌았다. 10미터 방조제가 있던 미야코시에서도 수백 명의 사망자와 실종자가 발생했다. 후다이 마을에서는 배를 찾으러 나간 한 명만 실종된 것이 전부였다. 43년 전 촌장의 고집이 수백 명의 생명과 마을을 구했다. 결과적으로 5미터 높이의 차이는 엄청났다.

스트레스 관리도 비슷하다. 스트레스로부터 나를 지키는 방법 중 하나는 남들보다 더 높은 심리자원의 방파제를 쌓아놓는 것이다. 평상시 상태라면 웬만한 방파제로도 잘 버틸 수 있다. 그러나 정말 거대한 힘이 작동할 때는 조금이라도 더 높게 쌓은 심리자원만이 진가를 발휘한다. 즉 스트레스의 물결이 쉽게 나를 쓰러뜨리지 못할 만큼 심리자원의 방파제를 높이 쌓아놓아야 나를 지킬 수 있다.

방파제 원리 : 평상시 위기의 상황에 대비하여 마음의 방파제를 높이 쌓아 놓아야 안전하다. 위기의 순간에는 남들보다 조금이라도 더 높게 쌓은 방파제만이 제때 힘을 발휘하기 때문이다.

심리자원을 다양하게 쌓아둔다 _물통 원리

학교 다닐 때 생물 수업을 열심히 들었다면 '리비히 법칙'을 기억할 것이다. "생물의 성장은 최대로 존재하는 영양소가 아니라 최소로 존재하는 영양소의 충분한 공급에 의해 결정된다." 이를 '최소량의 법칙'이라고 한다. 또, 높이가 서로 다른 판자를 엮어 물통을 만들어 물을 채울 때 키가 가장 낮은 판자 높이까지만 물이 차게 된다고 해서 '물통의 법칙'이라고도 한다. 여기서 주의 깊게 살펴볼 점은 다른 판자의 높이가 높더라도 단 한 군데만 높이가 낮다면 물이 그쪽으로 흘러넘치고 만다는 것이다. 이 원리는 처음에는 생물의 성장에 모든 영양소가 반드시 필요하다는 것을 설명하기 위해서 사용되었는데, 스트레스 관리에도 적용할 수 있다.

사람은 사는 동안 돈 문제, 사람 문제, 건강 문제 등으로 스트레스를 받을 수 있다. 스트레스 요인이 도처에 널려 있으므로 저마다 자신이 쌓아놓은 자원으로 스트레스를 막아내며 산다. 그러나 아무리 높게 쌓아올린다고 하더라도 한계는 있다. 모든 문제에서 강할 수는 없기 때문이다. 결국은 내가 약한 곳으로 스트레스가 넘칠 수밖에 없다.

스트레스 관리의 세 번째 원리는 물통 원리, 즉 하나의 자원이라도 낮으면 물은 넘치고 만다는 것이다. 방파제 원리에 충실해서 높게 쌓은들, 한쪽이 턱없이 부족하면 물은 넘쳐흐를 수밖에 없다. 결국 심리자원은 다양하게 골고루 채워져야 스트레스를 효과적으로 관리할 수 있다.

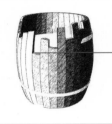

물통 원리 : 물통의 한쪽이라도 낮으면 물은 넘쳐흐를 수밖에 없다. 결국 심리자원은 골고루 채워져야 스트레스를 관리할 수 있다.

나의 직장 스트레스 체크해보기

—

직장생활에서 받는 스트레스는 가벼운 것부터 엄청난 일까지 다양하다. 우선 당신이 직장에서 스트레스를 받고 있다는 것을 알아차리는 것이 중요하다. 다음의 간단한 설문을 통해 당신의 스트레스 상태를 알아보자.

· 다음은 당신이 직장에서 스트레스를 받았을 때 경험할 수 있는 증상들이다. 최근 한 달 동안 아래의 문항을 어느 정도 경험했는지 해당하는 칸에 √를 표시한다.
· 점수를 합산해서 32점 이상이면 직장 스트레스를 받고 있다는 의미다. 특히 49점이 넘어간다면 심각한 상태이다. 전문가와 상담을 받기를 권한다.

직장 스트레스 증상*

		전혀그렇지않다	약간그렇다	어느정도그렇다	상당히그렇다	매우그렇다
1	소화가 잘 되지 않는다	◎	①	②	③	④
2	머리가 아프다	◎	①	②	③	④
3	목이나 어깨 근육이 뻣뻣하고 뭉친 느낌이 든다	◎	①	②	③	④

4	몸이 무겁다	◎	①	②	③	④
5	얼굴 표정이 굳어졌다	◎	①	②	③	④
6	쉽게 지친다	◎	①	②	③	④
7	자고 일어나도 피로가 풀리지 않는다	◎	①	②	③	④
8	앞 일에 대한 걱정이 자주 든다	◎	①	②	③	④
9	기분이 울적하다	◎	①	②	③	④
10	의욕이 떨어지고 만사가 귀찮다	◎	①	②	③	④
11	외롭다	◎	①	②	③	④
12	내가 남보다 못한 것 같다	◎	①	②	③	④
13	매사에 걱정이 많다	◎	①	②	③	④
14	무엇을 어떻게 해야 할지 모르겠다	◎	①	②	③	④
15	내 뜻대로 일이 진행되지 않는 것 같다	◎	①	②	③	④
16	사소한 일에도 짜증이 난다	◎	①	②	③	④
17	화가 난 감정을 억제하기 힘들다	◎	①	②	③	④
18	때리거나 부수고 싶다	◎	①	②	③	④
19	사소한 일에 민감하게 반응한다	◎	①	②	③	④
20	평정심을 유지하기 어렵다	◎	①	②	③	④
21	참을성이 없다	◎	①	②	③	④
22	말이나 행동이 거칠어졌다	◎	①	②	③	④
23	업무 중 무언가를 할 때 실수를 하게 된다	◎	①	②	③	④
24	업무 중 어떤 일을 마무리하기 어렵다	◎	①	②	③	④
25	업무에 집중하기 힘들다	◎	①	②	③	④

* <직장인 스트레스 반응척도 개발 및 타당화 연구, Anxiety & Mood. 8(2). 153-160>, 이정은, 최보라, 정영은, 송광헌, 강민재, 채정호(2012)

3장

퇴근 후 마음처방전 1
이해하며 받아들이기 · Acceptance

퇴근 후, 집으로 가는 발걸음이 떨어지지 않아 무작정 카페로
향했다. 커피 한 잔 시켜놓고 멍하니 앉아 있다. 아내는 집에
서 내 소식만을 기다릴 텐데…. 아침에 출근하면서 나는 내심
승진을 기대했다. 몇 차례 승진기회를 놓치기도 했고, 또 올해
는 나름 성과도 올렸으니까. 그런데 나에게 돌아온 건 동료들
의 동정어린 눈빛이었다. 한 동료가 위로한답시고 하는 말에
더욱 화가 났다. "어쩔 수 없잖아. 받아들이고 다음을 기약하
는 수밖에." 어떻게 이 상황을 받아들이란 말인가. 왜 모든 것
이 나에게만 부당하단 말인가.

자식에게 기대하지 않는 부모는 없다.
부모의 기대에 완벽하게 부응하는 자녀도 없다.
부모에게 '정서적'으로 받아들여지지 못하면
자기 자신도 있는 그대로 받아들이기 어렵다.
이처럼 어린 시절의 비수용적 경험은 평생을 따라다니며
자신을 괴롭히게 된다. 어떻게 해야 할까?
무엇보다 나 자신을 조건 없이 받아들여야 한다.
나 자신을 조건 없이 사랑해야 한다.

"부장님만 생각하면 자다가도 숨이 막혀요"
_상사 받아들이기1

"직속 상사인 남 부장만 생각하면 자다가도 숨이 막혀요. 정말 미칠 것 같아요. 생긴 것부터 호랑이 같아요. 처음에는 저도 잘 보이기 위해서 많이 조심했어요. 그런데 무슨 이유에서인지 부임한 둘째 날인가부터 아주 생난리를 치는 거예요. 융단 폭격을 당하는 것 같았어요. 하나를 준비하면 다른 것을 트집 잡아요. 꼭 트집 잡기 위해 사는 사람 같아요. 도사견이라는 별명처럼 사람을 물고 늘어지고 인격적으로 무시해요. 남 부장만 생각하면 가슴이 벌렁거려요. 이대로 계속 회사를 다녀야 하는지 고민이에요. 때려치우고 싶을 때가 한두 번이 아니에요. 하지만 막상 마주치면 완전히 얼어붙어서 아무것도 못해요." - 직장인 K

마음닥터 "여의치 않으면 피하세요"

알고 보면 남 부장도 부양할 식구들이 줄줄이 있고, 갚아야 할 대출이 널려 있고, 치솟는 전세금을 쫓아가느라 허덕이거나 간신히 집을 마련했는데 집값이 바닥을 쳐서 하우스푸어 대열에 들어섰을지도 모른다. 자녀들의 학원비를 대느라 허리가 휘지만 자녀들은 공부에는 아예 관심이 없고, 부부 사이마저 안 좋은 불쌍한 사람일 수 있다. 집에서 새는 바가지가 밖에서도 샌다고, 회사에서 난리를 치는데 집에서인들 잘 지내겠는가.

남 부장이 K에게 못되게 구는 것은 맞지만 마음이 더 상하는 것은 K가 그 부정적 기운을 그대로 받아들이기 때문이다. 공은 남 부장이 던지지만 받는 것은 K이기 때문이다. 부장이 던지는 그 공을 그대로 맞지 마라. 피구를 하듯 당신을 향해 세게 날아오는 공을 요령껏 잘 피해야 한다. 끝까지 안 맞고 피하면 당신은 살 수 있다.

당신을 괴롭히는 상사는 절대 전지전능한 신이 아니다. 인격적으로도 미숙한 인간에 불과하다. 상사의 인간적 결함 때문에 더는 힘들어하지 말자. 그저 그런 인간이겠거니 받아들이자. 그런 인간 때문에 화를 내고 힘들어하고 괴로워서 죽을 것같이 어려워하는 당신 자신도 받아들이자. 자기 자신을 있는 그대로 수용하는 것이 당신이 살 길이다.

물론 끝내 용납이 안 되는 상사도 있다. 아무리 받아들이려고 노력하는데도 도무지 이해할 수 없을 정도로 잔인하고 냉혹한 사람이 있다. 그런 사람이 당신의 상사라면 그를 어떻게 받아들이겠는가. 입만 열면 상대를 모욕하고, 상대의 인격을 무참히 짓밟는다. 대수롭지 않게 상대를 속이고, 어떤 잘못을 해도 죄책감을 느끼지 않는다. 착취적이며 야망이 지나치고 타인을 공감하지 못하며 감정 기복이 심하다. 흔히 반사회적 인격 장애 혹은 소시오패스로 불리는 사람들의 특징이다. 자기애적 성격 장애로 불리는 사람들에게서도 이런 특징이 나타난다. 그런데 의외로 이런 면모를 보이는 상사가 많다. 오직 성공을 목표로 내달리며 다른 사람들을 무시하거나 짓밟고 앞서나간 결과 높은 자리를 차지했을 가능성이 높다.

유명한 정신의학자인 스캇 펙(Scott Peck)은 《거짓의 사람들》이라는 책에서 이런 성격 장애자들을 '거짓의 사람들', 나아가 '악의 사람들'로 규정했다. 그들은 쉽게 거짓말을 하고 현실을 왜곡하며 책임을 회피하고 심지어 자기 자신까지 속인다. 양심을 내던졌으므로 자신이 어떤 일을 저지르는지 모른다. 부하 직원에게 인격적 모독을 주고도 그의 능력을 키우기 위해서, 경쟁력을 높여주기 위해서 그랬다고 정당화한다. 그리고 실제로 그것을 사실로 믿는다. 자기 자신은 아주 좋은 상사이며 부하 직원을 한심한 사람으로 취급한다. 건강한 사람들은 자기 자신을 돌아보고 무슨 문제가 있는지 성찰하지만 '악의 사람'은 주변인만 탓하고 자신의 문제를 돌아보지 않는다. 심리적으로는 그들 역시 열등감을 느끼고 자신의 문제를 인식할 수도 있겠지만 의식적으로 자신의 문제를 모른 척한다. 그런 그들을 어떻게 수용할 것인가? 사실 노련한 정신건강의학과 전문의조차 이런 사람들에게는 상처를 받는다. 진료 과정에서 이런 경향이 발견되면 진료를 포기하기도 한다. 본인은 전혀 인식하지 못하므로 치료도 어렵다.

만약 당신의 상사가 거짓의 사람, 악의 사람이라면? 당신이 그에게 맞설 수 없음을 깨우쳐야 한다. 그를 상대해서 버티고 이기려면 당신 역시 또 하나의 거짓의 사람, 악의 사람이 되는 수밖에 없다. 상사 때문에 악의 사람이 되겠는가. 악의 사람은 결코 행복할 수 없다. 자신의 문제를 인식하지 못하므로 대신 주변 사람들이 상처를 받는다. 이런 관계는 좋게 유지될 수 없다. 다들 떠날 수밖에.

'악의 사람'인 상사를 만났다면《손자병법》의 가장 훌륭한 36계를 사용하자. "여의치 않으면 피하라!" 그가 상사인 이상 회사에서는 그를 피할 길이 없다. 성격장애의 경우 아주 특화된 일부 정신건강 의학과 전문의만 치료에 나설 정도다. 그러니 폭풍우가 어서 지나가기를, 그가 부서를 옮기거나 당신이 이동하거나, 그가 이직하거나 당신이 떠나거나 하기 전에는 대책이 없다.

받아들이는 연습 1 [풍선 불기]

1. 자신을 괴롭히는 사람의 이미지를 떠올린다.

2. 그 사람을 풍선이라고 생각하고 거대한 풍선이 될 때까지 불어라.

3. 불다보면 어느 순간 뻥 하고 터질 것이다.

4. 터진 풍선처럼 되어버린 그 사람 옆에 살아 있는 당신의 이미지를 떠올려보라.

5. 아무리 바람을 불어넣어도 펑 터지지 않는다면? 그냥 바람을 빼버려라.

6. 바람이 빠지면서 찌그러지는 풍선이 상대의 초라한 이미지로 남는다.

"무능한 과장님 때문에 답답해 죽겠어요"
_상사 받아들이기2

"직장생활을 한 지 10년 정도 되었어요. 그동안 별 문제없이 지내왔는데 이번에는 매우 힘듭니다. 다른 부서가 개편되면서 제 직속 상사가 다른 팀에서 왔는데 정말 한심합니다. 일을 전혀 파악하지 못하고 이해도 못 해서 답답해요. 처음에는 적응기려니 했는데 아무리 시간이 지나도 나아지지 않아요. 매번 저한테 물어봐요. 업무 분장이 어떻게 되어 있는지조차 몰라 제 담당이 아닌 일도 자꾸 물어보고, 심지어는 지난번에 분명히 알려준 일인데도 몇 번이고 물어보니 답답해 죽겠어요. 참다 참다 부장님이 회식 때 힘든 일이 있느냐고 물어서 자초지종을 말씀드렸더니 이미 아신다고 하더군요. 이전 팀에서도 무능력하다고 찍혔다고요. 그러려니 하고 넘겨보려 해보지만 자꾸 반복되고 업무 효율성도 떨어집니다. 차라리 신입사원을 키우는 게 낫겠다 싶어요. 저뿐 아니라 많은 직원이 힘들어하는데도 회사에서 아무런 대책을 세우지 않으니 답답해 죽겠습니다." - 직장인 D

마음닥터 "무능한 상사를 반면교사로 삼으세요"

무능한 상사를 답답해하는 것을 보면 D는 '능력'을 중요하게 생각하는 사람인 것 같다. 아마 D도 유능해지고자 부단히 노력할 것이다. 그런 D에게 갑자기 무능한 사람이 직속 상사로 왔으니 답답해할 만하다. 그렇지만 냉정하게 D의 상황을 보자. D에게는 무능한 상사를 해고할 권한이 없다. 오히려 무능해 보이는 상사가 D의 인사고과를 책임지고 있다. 그러니 상사의 무능을 탓하며 열을 낸들 결국 D의 손해일 뿐이다. 무능한 상사를 해고하거나 그가 스스로 퇴사하게 하는 것은 D가 할 일이 아니고, 또 할 수 있는 일도 아니다. D가 할 일은 그런 상사 밑에서 '견디는' 것이다. 이번 경험을 견디는 능력을 키울 수 있는 기회라고 생각해보자.

솔직히 D의 상사는 참 불쌍한 사람이다. 더 나아지기가 쉽지 않다. 주변 사람들이야 답답하겠지만 정작 본인은 더 견디기 어려울지 모른다. 그러니 차라리 내가 그 사람이 아니라는 사실을 다행이라고 생각하자. 무능한 상사를 반면교사 삼아 열심히 내공을 키우는 게 나에게 좋다.

세상에는 당신의 뜻대로 안 되는 일이 훨씬 많다. 이럴 때 버티는 방법은 '어쩔 수 없구나' 하고 받아들이는 것이다. 세상에는 당신이 최선을 다한다고 해도 어쩔 수 없는 일이 있고, 또 할 수 없는 일도 훨씬 많다는 것을 기억하자. 어쩔 수 없는 일을 받아들이는 것도 직장생활의 지혜다.

받아들이는 연습 2 [반면교사 떠올리기]

"봐주지 마라. 노인들이 저 모양이라는 걸 잘 봐두어라. 너희들이 저렇게 되지 않기 위해서 까딱하면 모두 저 꼴 되니 봐주면 안 된다."(2014년 1월, 한겨레신문, 효암학원 이사장 채현국 인터뷰 기사 중)

당신이 다른 사람들의 무능함을 어떻게 할 수는 없다. 그러나 반면교사를 삼을 수는 있다. 후배들에게 비겁하고 야비하며 부실한 사람으로 취급받지 않도록 주의하자.

· 나는 저렇게 되지 말자.

· 나도 나이가 들면서 저렇게 되지 않나 항상 살펴보자.

· 내가 회사를 차리면 저런 사람은 절대로 뽑지 말자.

"이기적인 동료 때문에 힘들어요"
_동료 받아들이기

"곽 팀장은 한마디로 나쁜 놈입니다. 아주 꼴 보기 싫어요. 진짜 얄미운 놈입니다. 무슨 재주인지 윗분들은 곽 팀장을 매우 칭찬합니다. 그 팀의 사람들도 곽 팀장에게 불만이 많아요. 아랫사람들을 못살게 굴고, 팀의 성과를 자기 혼자만의 공인 척 보고하는 게 한두 번이 아니라고요. 아랫사람 대할 때랑 윗사람 대할 때 완전히 다른 사람이 되는 그를 보면 정말 토할 것 같아요. 지난 워크숍 때 곽 팀장과 같은 조가 되어 2박 3일을 보냈어요. 그 인간과 같이 있다는 사실만으로도 괴로웠는데 식사 시간마다 내 옆으로 와서 동기랍시고 친하게 구는 것이 어찌나 꼴사납던지, 한 대 때려줄 뻔했어요. 지난 보고회 때도 억울한 일이 있었어요. 고심해서 프로젝트를 준비했는데 곽 팀장이 슬쩍슬쩍 곁눈질을 하더니 마치 자신의 독창적인 아이디어인 것처럼 먼저 발표를 해버린 거예요. 제 차례가 되어 발표했더니 위에서는 제가 곽 팀장의 아이디어를 모방했다고 판단한 것 같았어요. 부장님이 저더러 곽 팀장을 시기하는 것 같다고 하는데, 그 순간 답답하고 억울해서 죽을 것 같았어요. 공식적으로 이의를 제기하겠다고 했더니 직원들이 보는 앞에서 저더러 '생

난리를 친다'며 그만하라는 겁니다." – 직장인 S

마음닥터 "지혜롭게 융통성을 발휘하세요"

S로서는 충분히 억울할 만한 상황이다. 억울함을 해결하지 못하면 울분장애가 생길 수 있다. 억울한 것도 서러운데 병까지 얻으면 되겠는가.

'화병'은 미국의 정신장애 진단분류요람에도 'Hwabyung'으로 올라있다. 그만큼 한국인에게 많이 볼 수 있다. 화병은 보통 시어머니에게 오래 괴롭힘을 당한 며느리가 화가 쌓이고 쌓여서 생긴 병으로 알고 있다. 그런데 오래 쌓이지 않아도 상사의 큰소리 한 번, 동기의 약은 행동 하나에도 울화가 치밀어 병이 생길 수도 있다. 의학계에서는 억울한 일을 당했을 때 그 감정이 처리가 안 되면 '외상 후 울분장애(posttraumatic embitterment disorder ; 이하 PTED)'로 진단한다. 아직까지 공식 진단으로 인정받은 것은 아니지만 논문도 꽤 나와 있다. 'embitterment'를 울분(鬱憤)으로 번역했으나 조금 더 깊은 뜻이 있다. 'to embitter'의 사전적 의미는 '부당하게 취급받아 증오 및 분노를 느끼는 것'이라는 뜻이다. 즉, 부당한 일을 당했을 때 느끼는 분노의 감정이다.

직장생활을 하다보면 부당한 일을 많이 겪게 된다. 진급 누락, 해직, 인사차별, 갈등 같은 일을 겪고 나서 억울한 사건을 떠올릴 때마다 울분, 분노, 무기력감을 느낀다면 PTED라고 짐작할 수 있다. 단 한 번의 인간적인 모욕, 근본적인 신뢰나 가치에 대한 모독을 경험하게 되면 그 충격으로 얼마든지 병이 될 수 있다. 특히 우리나라 사람들은 불합리나 불공정에 대한 상처가 깊어서 다른 나라 사람들보다 PTED가 발생할 가능성이 높다.

S는 곽 팀장이 얄미운 것도 있지만 부장과의 일로 더 충격을 받은 것 같다. 자꾸 그 상황이 생각나고, 안절부절 못하겠고, 부당하다는 생각이 들고, 울화가 치밀고, 복수하고 싶고, 불안하다면 자칫 병으로 깊어질 수 있다. PTED를 막으려면 융통성이 절실히 필요하다. 즉 세상에는 오만 가지 별스러운 일이 다 일어날 수 있고, 부당하고 불공정해 보이지만 얼마든지 일어날 수 있는 일이라고 생각하는 것이다. "어떻게 나한테 이런 일이 일어난 거지?" "왜 하필 나야!" "절대 일어나서는 안 되는 일이 일어난 거야." "나한테 이런 일이 일어난다는 것은 불공평해." 이런 생각은 아무런 도움이 안 된다. 융통성 없는 마음이 병을 만든다. "내가 원하지 않는 일이 일어날 수 있다"고 생각하는 것이 융통성이다. 부당한 일을 당하는 순간에는 고통스럽고 수치스러웠겠지만 이미 지나간 일이다. 피할 수 있다면 좋겠지만, 살다보면 험한 일을 당할 수도 있는 것이 인생이다. 억울하겠지만 타인의 부당함 때문에 당신의 인생이 발목 잡혀서야 되겠는가.

받아들이는 연습 3 [지혜 발휘하기]

내 마음대로 되는 일은 하나도 없다. 그게 인생이다. 내가 원하지 않는 일이 일어났는가. 내가 지혜로워질 수 있는 기회다. 원하지 않는 일이 내 삶을 휘어감을 수 있다는 것을 아는 것이 바로 지혜로운 사람의 특징이다. 그것을 모르면 울화병이 걸리는 거다. 지혜냐, 병이냐. 선택은 당신 몫이다.

· 그 인간이 얄밉다. 그렇지만 그 인간 때문에 병나지 말자.

· 나는 지혜롭다. 그래서 더는 그 인간의 문제에 엮이지 않겠다.

· 진실은 밝혀질 것이다. 당장 지금 밝혀지지 않더라도 괜찮다. 나는 진실 편에 서 있을 거다.

"무책임한 부하직원이 마음에 안 들어요"
_부하직원 받아들이기

"이제 과장으로 승진해 부하 직원들을 두게 되었는데 다들 한심하기 짝이 없습니다. 요즘 젊은 직원들은 이기적이고 무책임해요. 저녁에 회식을 하자고 하면 개인적인 약속이 있다면서 빠집니다. 저는 당연히 회사 일이 먼저였지 상사가 밥 먹자는데 빠져나갈 생각 같은 것은 해본 적이 없어요. 속에서 열불이 터질 때가 한두 번이 아닙니다. 한 번은 큰소리를 쳤더니 눈물을 찔끔거리면서 인격 모욕을 당했다고 사표를 써서 가지고 오더군요. 이런 부하 직원들을 데리고 일이 제대로 되겠습니까. 올해 실적을 평가해서 내년 성과급도 정해진다는데 이런 오합지졸을 데리고 뭘 할 수 있겠습니까. 도대체 이들을 어떻게 가르쳐야 하나요." – 직장인 M

마음닥터 "남 탓, 내 탓 그만두고 받아들이세요"

회사에 인생을 다 걸었던 사람들이 있었다. M도 그중 한 사람일 수 있다. 그 결과 국가 경제 발전도 이루고, 개인적으로도 성장했다. 하지만 젊은 세대는 다르다. 어려서부터 크게 고생하지 않고 자랐고,

악착같이 살지 않아도 되었다. 그래서 억지로 열의를 갖는 것을 거부하고, 무엇보다 규제 같은 것을 싫어한다. 젊은 세대는 '필(feel)'을 받아야 움직이고 '꽂혀야' 최선을 다한다. 진심으로 하고 싶은 일에는 물불 가리지 않고 열정을 불사른다. 결국 M이 부하 직원들을 통솔하지 못하는 것은 그들 탓이 아니다. 그들은 그렇게 자란 것이다. 그들을 탓해본들 달라지는 것은 없다. 선배라고 해도 그들을 가르치는 것은 쉽지 않다. 특히 말로 이래라 저래라 해서 사람은 변하지 않는다. 말로 해서 변할 것 같았으면 아예 걸리는 일이 없었을 것이다. M이 할 일은 그들을 움직이게 할 방법을 찾는 것이다. 나와 다른 이유로 움직이는 사람이 있다는 사실을 아는 것이 중요하다.

사는 방식은 사람마다 다르다. 어떤 사람은 행복해하며 즐기면서 사는 반면, 누군가는 세상의 모든 짐을 혼자 다 지고 사는 것처럼 힘들고 지치고 허덕거린다. 왜 이런 차이가 생길까? 삶이 버겁고 쉽게 불행해하는 사람들을 살펴보면 몇 가지 공통점이 있다. 대표적으로 '남 탓'을 많이 한다. 대통령이 잘못해서 나라가 어지럽고, 국회의원이 잘못해서 사회가 불안하며, 시민단체가 잘못해서 시끄럽고, 기업인이 잘못해서 경제가 어렵고, 선생님이 잘못해서 교육이 흔들린다고 생각한다. 학교가 잘못해서 입시 지옥이고, 회사가 잘못해서 취직이 어려우며, 부모가 잘못 키워서 내 성격이 좋지 않고, 남편이 잘못해서 화병이 생겼고, 아내가 잘못해서 내가 바람을 피운다는 식이다. 아이가 잘못하니 성질이 나고, 팀장이 무능해서 실적이 오르지 않으며, 선배가 잘못해서 의욕이 떨어지고, 후배가 잘못하니 부아가 난다는 식으로 생각하는 것이 과연 마음의 평화에 도움이 될까. 결국 그 원인을 제공한 사람이 바뀌지 않으면 불행에서 헤어날 길이 없다고 믿으므로 항상 주도권이 남에게 있다. 그러나 안타깝게도 내가 생각하는 대로 움직여주는 사람은 세상에 아무도 없다. 심지어 나 자신조차도 마음대로 안 되지 않는가.

매번 남 탓을 하면 화도 쉽게 난다. 운전을 하면 끼어드는 차 때문에 화가 나고, 식당에서는 주문한 음식이 늦게 나와 화가 나고, 회사에서는 무능하면서도 말을 안 듣는 직원들 때문에 화가 난다. 반대로 능력이 아주 뛰어난 동료가 일을 주도해도 화가 난다. 집에 오면 잘 챙겨주지 못하는 배우자 때문에 화가 나고, 기대만큼 공부를 못 하는 아이들 때문에 화가 난다. 이런 사람은 세상에 존재하는 모든 사람이 자기 뜻대로 움직이기 전까지는 문제가 풀리지 않는다. 이 문제를 해결할 유일한 방법은 '남 탓'을 그만두는 것이다. 타인을 모두 적으로 여기면 같이 살 수 없다. 세상에는 내 마음에 들지 않는 사람도 분명히 존재한다. 아니, 모든 사람이 나와 다르다. 하지만 그 '다름'이 문제가 될 수는 없다. 그것이 현실이다. 서로가 다른 사람이고 생각이 다를 수 있다는 것만 받아들여도 많은 불행을 예방할 수 있다.

직장 스트레스로 괴로워하는 또 다른 유형은 모든 책임을 '내 탓'으로 돌린다. 내가 재수가 없어서 실패했다, 내가 끼면 매사가 꼬인다, 나는 태어나지 말았어야 할 존재다……. 이런 생각으로 끝없이 자기를 비난한다. 이런 마음은 자신을 향하는 화를 끓어오르게 한다. 자신의 태도, 외모, 생각, 습관, 성격…… 어느 것 하나 마음에 들지 않는다. 나만 못난 것 같고 다른 사람들은 다 근사해 보인다. 이런 마음으로는 절대 행복할 수 없다. 이런 악순환에서 빠져 나오려면 어떻게 해야 할까?

자기든 타인이든 누군가를 '탓'하는 것은 불행의 나락으로 빠지는 수렁임을 깨달아야 한다. 남 탓을 하면 상대가 바뀌지 않고서는 헤어 나올 수 없다. 자기 탓만 하다가는 변화는커녕 스스로를 향하는 화 때문에 우울증에 걸리기 쉽다. 매사가 마음에 들지 않더라도 있는 그대로 받아들일 수만 있다면 얼마든지 행복할 수 있다. 현실이 마음에 들지 않는가? 그러나 현실과 싸워서는 백전백패한다. 현실을 있는 그대로 받아들이자. 그다음에 무엇을 어떻게 할지를 고민하고 실천하자. '왜' 나에게 이런 일이 일어났는가를 고민하지 말고 '어떻게' 벗어날까를 생각하자. 역경을 견딘 스스로를 칭찬하고, 마음에 들지 않더라도 주변 사람과 화해하자. 그것만이 내가 살 길이다.

받아들이는 연습 4 [이유 불문하기]

'도대체 이 인간이 왜 이럴까?'라는 질문은 별 도움이 안 된다. 그냥 그런 것이다. 젊은 사람들이 좋아하는 음악을 들어보라. 도대체 무슨 말인지 가사도 들리지 않고 음정과 박자도 따라가기 어렵다. 그런데도 왜 이 음악을 좋아할까? 젊은 친구들은 그냥 이 음악을 좋아하는 것이다. 이것을 '왜?'라고 접근하면 "그냥"이라는 답 이외에는 들을 게 없다.

"후배 앞에서 실수하는 내가 싫어요"
_나 받아들이기

"실수를 많이 하는 편이에요. 안 그러려고 조심할수록 더 실수를 많이 하게 되는 것 같아요. 이제는 후배들도 많이 들어와서 선배답게 처신해야 하는데 여전히 실수를 해서 후배들 보는 앞에서 상사에게 야단을 맞을 때가 많아요. 팀장님은 이제 잔소리도 안 해요. 아예 저를 포기한 것 같아요. 후배들도 저를 무시해서 팀장님과 직접 소통해요. 제 자신이 정말 한심하고 싫어요. 사람들을 만나는 게 두려워요. 일을 하다가 조금이라도 어긋나면 야단맞을까 봐 두려워서 허둥대다가 더 큰 실수를 하고 말아요. 갈수록 자신감을 잃어가요. 퇴사를 할까, 자주 고민해요. 주말에는 괜찮은데 회사 갈 생각을 하면 긴장되고, 월요일에 출근하면 갑갑하고 답답해요. 소화도 안 되는 것 같고요. 부모님은 배부른 소리 한다면서 참고 다니라고 하지만, 그럴수록 비참하고 자괴감이 들어요." - 직장인 A

마음닥터 "단점도 강점일 수 있어요"

A는 자기 자신을 아주 마음에 들어 하지 않는 듯하다. 처음에는 실

수였고, 그러다가 긴장하게 되면서 실수를 반복하게 되었고, 자신 감까지 잃어버렸는데 거기서 멈추지 않고 이제는 우울증까지 생긴 것 같다. 단점을 고쳐보려고 노력했지만 잘 안 된 것 같다. 그렇다면 관점을 바꿔보자. 실수하는 것은 아주 인간적인 모습이다. 냉철하고 찔러도 피 한 방울 안 날 것 같은 냉혈한보다 낫지 않은가. 폭 30센티미터의 널빤지가 있다고 가정해보자. 이것을 바닥에 놓고 널빤지 위를 걸어 가보자. 누구나 쉽게 걸어 다닐 수 있다. 이번 에는 바닥에서 10미터 높이에 널빤지를 올려놓고 그 위를 걸어 가보자. 한 발 내딛기가 쉽지 않을 것이다. 머리부터 발끝까지 긴장할 것이다. 이렇게 긴장하면 평소에 안 하던 실수도 하게 된다. 실수하지 않으려고 신경 쓸수록 더 긴장하게 마련이다. 실수하는 자기 자신을 받아들이고 조금 편안하게 힘을 빼보자.

자신의 단점 때문에 고민하는 사람이 많다. 키가 작아서, 머리가 벗어져서, 코가 낮아서, 다리가 굵어서, 눈썹이 진해서, 털이 많거나 적어서……. 비단 육체적인 면만 따져도 이렇게나 많다. 외모뿐 아니라 성품 때문에 힘들어하는 사람도 많다. 소심해서, 내성적이어서, 나대서, 못 참아서, 불안과 걱정이 많아서, 울화가 많아서……. 환경의 단점은 또 어떤가. 부모가 가난해서, 배운 것이 없어서, 식구들이 도와주지 않아서, 배우자의 성격이 나빠서, 직장이 안 좋아서, 소득이 적어서……. 단점만 보면 할 수 있는 일이 하나도 없을 것 같다.

그러나 인생은 단점으로 승부하는 것이 아니다. 달리기에서도 근육이 발달한 사람은 폭발적인 속도가 중요한 단거리에 유리하고, 지구력이 좋은 사람은 장거리에 적합하다. 장거리에 유리한 사람이 굳이 단거리 선수가 되려고 애쓸 필요는 없다. 물론 단점을 보완하는 것은 좋지만 인생의 귀한 시간을 단점을 해결하는 데만 쓴다면 너무 아깝지 않은가.

단점도 다르게 생각하면 반드시 나쁜 것만도 아니다. 사교적이지 못한 사람은 허풍이 없어서 좋고, 내성적인 사람은 진지하고 진정성이 느껴져서 좋다. 소심한 사람은 실수하지 않고 정확해서 좋고, 말이 많은 사람은 심심하지 않아서 좋고, 자신감이 덜한 사람은 겸손해서 좋고, 직선적인 사람은 뒤끝이 없어서 좋고, 남 잘되는 것을 못 보는 사람은 의욕과 욕구가 넘쳐서 좋다. 하지만 소극적인 관점의 전환보다는 한 걸음 더 나아가 자신의 강점을 가지고 사는 태도, 또 그 강점을 더 계발하는 것이 바람직하다.

누구에게나 강점이 있다. 창의성, 호기심, 학구열, 개방성, 지혜 등 지식의 획득과 사용을 포함하는 인지적 강점, 공정성, 시민의식, 리더십 등 건강한 공동체 생활을 이루는 시민정신과 관련된 강점, 용기, 활력, 진실성, 끈기 같은 내·외적 반대에 직면해서도 목표 달성 의지를 발휘하는 정서적 강점, 심미안, 낙관성, 끈기, 감사, 유머 감각, 영성 같은 더 큰 우주와 연결되며 의미를 부여할 줄 아는 강점, 사랑, 이타성, 사회지능 등 타인을 돌보고 친구가 되어주는 대인 간 강점, 자기 조절, 신중성, 겸손, 용서 같은 무절제를 막는 강점……. 사람마다 정도의 차는 있겠지만 누구나 한두 가지 덕목을 가지고 있다. 타인과 비교해서가 아니라, 다양한 강점과 재능 중에 자신만의 독특함을 가장 잘 보여주는 것이 대표 강점이다. 대표 강점을 중심으로 인생을 산다면 자신의 본래 모습대로 사는 것이므로 진정한 자기가 될 수 있다.

받아들이는 연습 5 [강점 찾기]

사람들은 자신의 단점은 잘 알고 있다. 반면 자신의 강점은 무엇인지 잘 알지 못한다. 자신의 강점을 막연하게 추측하는 것과 실제는 확연히 다를 수 있다. 자신의 뒷모습은 볼 수 없듯이 자신의 강점도 막상 찾아보려면 잘 모르는 경우가 많다. 당신이 생각하는 당신만의 강점을 세 가지 써보자.

· _____

· _____

· _____

* 스트렝스-5 척도는 스스로 자신의 대표 강점을 검사하는 도구다. 한국인에게 표준화되어 있고 온라인에서 누구나 자신의 강점 검사가 가능하다.
(http://www.strength5.co.kr 참고)

"비전 없는 이 직장을 옮기고 싶어요"
_직장 받아들이기

"작은 중소기업에 다닙니다. 나름대로 기술 경쟁력은 있지만 모든 것이 구식입니다. 마케팅을 하면 수출도 할 수 있고, 생산성을 높여서 매출도 늘릴 수 있을 것 같은데 수십 년 전에 하던 마케팅 방식을 고수합니다. 그러다보니 작년이나 올해나 늘 고만고만합니다. 망하지 않는 게 다행이죠. 별로 스트레스 받을 일이 없다보니 이대로 다닐 수도 있겠지만, 아직은 젊은 나이인데 좀 갑갑합니다. 좀 더 비전이 있는 곳으로 옮겨야 하나 고민이 됩니다." – 직장인 B

마음닥터 "당신이 회사의 미래가 되세요."

B가 변화를 꿈꾸는 것은 바람직하다. 회사의 발전을 생각하는 애사심도 대단하다. 하지만 회사가 B의 뜻대로 움직이지는 않는다. 그렇다면 회사가 했으면 하는 것을 나부터 해보면 어떨까. 많은 사람이 회사 덕을 보면서 살고 싶어 한다. 솔직히 좋은 학교에 진학하고 대기업에 입사하는 것도 그 이름 덕을 보고 싶은 바람도 있다. 어디 출신이다, 어디에 다닌다 하는 것이 나를 대변하는 것처럼 생각한

다. 하지만 더 근사한 것은 내가 학교 덕을 보는 것이 아니고 학교가 내 덕을 보는 것이다. 스티브 잡스는 오리건주의 리드대학교에 입학했다가 학비가 부담스러워 그마저도 중퇴했는데도 스티브 잡스가 다닌 학교로 유명해졌다.

관점을 바꿔서 내가 회사의 미래가 되면 어떨까. 다른 직원들은 회사의 미래에 관심이 없는 것도 나에게 유리한 기회가 될 수 있다. 만약 회사가 혁신을 도모하고 발전에 발전을 거듭한다면 지금처럼 여유 있게 지낼 수 없을 것이다. 격무에 시달릴 테고 적응하지 못하면 그만두어야 할지도 모른다. B는 이런 회사를 바라는 것일까? 물 좋고 정자 좋은 곳은 많지 않다. 대부분 물이 좋은 곳에서는 정자가 좋은 곳을 찾고, 정자가 좋은 곳에서는 물 좋은 곳을 찾는다. 당연히 엇갈릴 수밖에. 지금 물이 좋으면 물을 누리고 정자가 좋으면 정자를 누리자. 회사가 진부하고 느긋하다면 편안하게 회사생활을 하는 데 감사하자. 매사에 감사하는 사람들은 자신이 경험한 좋았던 일들에 대해서 타인의 도움을 인식하고 고마워한다. 이처럼 감사 성향이 높은 사람이 훨씬 행복한 삶을 누린다. 더 우호적이며, 성실하고, 낙관성이 높고, 외향적인 경향이 크고, 정서적으로 덜 민감해서 상처를 덜 받고 우울, 불안, 고독 같은 심리적인 문제도 덜 겪고 삶에 대한 만족감이 높다.

갤럽에서 진행한 연구 결과에 따르면, 감사를 자주 표현하는 90퍼센트 이상의 사람들이 '매우 행복하다'거나 '대체로 행복하다'고 응답했다. 감사 성향이 높은 사람들은 어렵고 힘든 상황 속에서도 긍정적인 특성을 찾아내고 결국은 자기에게 유리한 방향으로 결론을 도출해내므로 훨씬 잘 견딘다.

감사는 청소년에게도 힘이 된다. 고마워할 줄 아는 10대는 약물과 알코올에 빠지거나 비행을 저지를 위험이 낮으며 행복감을 더 많이 느낀다. 미국 캘리포니아 주립대학의 지아코모 보노 박사 연구팀은 4년의 시차를 두고 청소년 700명을 조사했다. 그 결과 감사 성향이 가장 높은 집단은 삶의 의미를 강렬하게 느꼈고 가정이나 학교, 이웃과의 관계에 더 만족해했다. 희망적인 태도로 삶에 임했으며, 부정적 감정을 경험한 사례가 적었고 우울 증상도 훨씬 적었다.

감사 성향은 훈련으로도 계발할 수 있다. 비록 감사할 것이 없다는 생각이 들더라도 의지적으로 감사하는 것이 중요하다. 매일 하루에 세 번씩 의무적으로 감사하기 훈련을 했더니 실제로 만족도와 행복도가 올라갔다는 연구 결과도 있다. '일회성' 감사로는 부족하다. 감사하기는 '일상'이 되어야 한다. 운동선수들이 대회를 준비하면서가 아니라 평소에도 기량을 다지기 위해 하루도 빠짐없이 훈련을 하듯, 감사하는 습관도 매일 매일 쌓여야 한다. 평생토록 감사를 생활화한다면 어찌 쌓이지 않겠는가. 감사로 행복이 확실하게 찾아온다면 한 번쯤 도전해볼 만한 가치 아닌가. 감사하자. 상황이 어떠하든 의지적으로, 그리고 일상적으로! 지금 회사를 다니는 것이 얼마나 감사한 일인지 생각해보라. 도저히 생각할 수 없다면 그냥 외워라. 감사하다!

받아들이는 연습 6 [감사하기]

만복의 근원은 감사다. 모든 수용은 감사로부터 시작한다. 사소한 것부터 감사하기를 시작하다보면 내 힘만으로 사는 게 아님을 깨우치는 순간이 온다. 하루에 세 가지씩 감사하기를 실천하면 1년에 1,095가지, 10년에 10,950가지를 감사하며 살게 된다. 감사는 어느 날 갑자기 생기지 않는다. 씨를 뿌려야 한다. 하루를 마무리하면서 오늘 하루 감사했던 일 세 가지를 써보자.

- _____

- _____

- _____

"포기하기가 정말 힘들어요"
_포기 받아들이기

"상황이 어쩔 수 없다면 받아들여라." 참 많이 들은 말이에요. 하지만 그것은 포기하는 말 아닌가요? 상황을 바꾸도록 노력해야 하지 않아요? 현대그룹의 (고)정주영 회장도 "해보기는 했어?"라면서 항상 포기하지 말고 시도하라고 했고, 또 그래서 엄청난 성공을 거두었잖아요. 나는 이런 상황을 받아들일 수 없어요. 왜 내가 받아들여야 하지요. 받아들인다는 것은 물러서는 것이고, 물러서면 이길 수 없어요." - 직장인 O

마음닥터 "포기도 적극적인 선택이에요"

수용은 포기의 다른 이름에 지나지 않는다고 폄하하는 사람들이 있다. 그들은 포기는 약한 사람들의 특징이라고 생각한다. 그러나 수용과 포기는 본질적으로 다른 개념이다. 포기는 몸부림을 치는데도 어쩔 수 없을 때 내리는 결정이다. 그러다보니 마음 상하고 자신감과 자존감도 떨어진다. 반면 수용은 매우 적극적인 선택이다. 완전히 새로운 선택이다. 어떤 것을 안 하기로 선택하는 것이다. 예를 들어 승산 없는 시험이나 진급에 매달리지 않기로 선택하는 것이다. 이런 선택을 잘못하면 삶이 힘들어진다. 포기하는 것이 아니라 내가 좋아하고 잘하는 일을 하기 위해 다르게 선택하는 것이다. '이제부터 나는 새로운 인생을 살기 위해 선택한다'는 의미다.

'포기하지 마라'는 화두가 많은 사람들에게 각인되어 있다. 불굴의 의지를 가져라, 안 되면 되게 하라, 해병대 정신……. 비록 지금은 힘들지만 견디고 나아가면, 포기하지만 않으면 언젠가는 무엇이든 이룰 수 있다고 말한다. 실제로 오늘날 우리나라의 발전은 이런 정신에 힘입어서 도약한 결과이기도 하다.

성공한 사람들의 삶을 들여다보면 아무런 희망이 보이지 않는 상황에도 굴하지 않고 버티면서 역경을 극복해낸다. 무엇인가 이루지 못한 사람들은 중간에 포기했기 때문이라고 쉽게 말한다. 과연 그럴까? 세상에 포기할 것은 하나도 없다는 말인가? 물론 포기하지 않고 밀고 나가는 것이 꽤 유용할 때가 있다. 불가능해 보이던 일도 버티다보면 길이 열리기도 한다. 열 번 찍어 안 넘어가는 나무가 없기는 하다. 그러나 세상에는 나무를 찍다가 도끼가 부러지기도 한다. 정말 포기하지 않는 것이 미덕인가? 정말 가치 있는 일이라면 평생 그 일을 하다가 이루지 못하고 스러진다고 하더라도 포기하지 않을 수 있다. 독립운동가, 민주투사, 시민운동가처럼 의지를 굽히지 않고 열매가 없어도 그 가치를 향해 달려 나간 멋진 인생들이 얼마나 많은가.

하지만 그만한 가치가 없는 일인데도 포기하지 못하는 사람들이 있다. 포기해야 할 일을 포기하지 않으면 집착이다. 심지어 포기를 못 하는 범위가 자기 인생을 넘어 자녀에게까지 옮겨간다. 공부를 잘할 수 없는 아이에게 끊임없이 공부하라고 강요한다. 결혼하여 자녀까지 둔 며느리를 받아들이지 못한다. 이렇게 포기를 모르는 사람의 인생은 과연 행복할까? 그 사람의 주변에 있는 사람들은 그 불굴의 의지에 찬사를 보내고 감탄해줄까?

바꿀 수 있는 것은 바꾸기 위해 최선을 다해 노력하고, 그럼에도 바꿀 수 없다면 그때는 수용해야 한다. 이 원리는 세상의 모든 일에 통한다. 예컨대 운동 경기에서 승리하려면 점수를 내야 한다. 하지만 더 중요한 것은 점수를 잃지 않는 것이다. 미친 듯이 공격하다가 허무하게 점수를 내주어서 지는 경기도 많다. 강팀일수록 수비가 강하다. 공수 전환이 제때 제대로 이뤄져야 한다. 수용할 것은 수용하고 변화시킬 것은 변화시켜야 한다. 어떤 것은 노력할 만한 일이고, 어떤 것은 수용해야 하는 일인가를 아는 것이 삶의 지혜. 이런 지혜가 삶의 질을 결정한다.

선택을 잘하기 위해서는 우선 가치 있는 일을 선택하는 기준이 있어야 한다. 평생을 걸어도 될 만한 일인지, 내 존재의 모든 것을 바쳐도 좋을 일인지를 선택하고 나면 그 일에 전심전력을 다해야 한다. 설사 결실을 이루지 못하더라도 그것은 충분히 의미 있는 삶이다. 그러나 그만한 가치가 없는 일에 인생을 거는 것은 어리석은 일이다. 욕심은 집착에 지나지 않는다.

받아들이는 연습 7 [포기를 선택하기]

사람은 스스로 선택한 일을 잘한다. 그리고 선택을 했기 때문에 책임을 진다. 자신의 능력을 다해 최선의 선택을 했으므로 자신의 선택을 믿는 것이 좋다. 포기하고 싶다면 포기를 선택하면 된다. 스스로 당당하게 포기하라. 자신의 선택을 믿는 것이 수용의 마지막 단추다.

· 수용은 포기가 아니라 새로운 선택이다.

· 공격도 중요하지만 수비를 잘하는 것도 좋은 승부다.

· 바꿀 수 있는 것은 바꾸고, 바꿀 수 없는 것은 수용한다.

있는 그대로 받아들이는 연습
—

최근 위파사나 명상이 선풍적인 인기를 끌고 있다. 위파사나 명상은 친절한 마음으로 자신을 명확하게 바라보라고 한다. 우리는 평소 자기 마음을 바라보기는커녕 생각에 짓눌려 정신없이 바쁘게 산다. 진짜 자기는 누구인지, 어떤 마음을 가졌는지 돌아보지 못한다. 자기 자신을 친절하게, 있는 그대로 받아들이는 수용이 중요하다. 수용을 위한 첫 단추는 생각 습관을 바꾸는 것이다. 지금까지 자신을 받아들일 수 없다고 생각해왔기 때문에 수용할 수 없는 것이다. 다음처럼 자꾸 반복하면서 당신의 생각을 '수용' 중심으로 바꾸도록 노력하자.

· "모든 사건은 이제 지금 어떻게 하느냐에 달려 있어."
· "이미 일어나버린 일들은 내가 어떻게 할 수는 없어."
· "지금 이 순간만이 내가 통제할 수 있는 순간이야."
· "이미 일어난 일에 대해서 싸우느라 시간을 보내는 것은 낭비야."
· "비록 내가 지금 일어난 사건을 좋아하지 않더라도 현재는 완벽한 것이야."
· "지금 현재에 일어난 일들은 그럴 수밖에 없는 것이었어."
· "현재 지금 이 순간은 지난 수만 가지 결정들의 결과로 이루어진 것이야."

요즘 나에게 꼭 해주고 싶은 수용의 말을 5가지 이상 적어보자.

수용의 말 5가지

① _____

② _____

③ _____

④ _____

⑤ _____

4장

퇴근 후 마음처방전 2

- 조금씩 더 나아지기 · Better & Better -

퇴근 후에야 한숨을 돌린다. 커피 한 잔으로 여유를 찾고 있다. 회사에서는 긴장을 놓을 수 없다. 입사할 때 나와의 약속이 있었다. 동기들보다 스펙이 뒤쳐지니, 나는 무조건 열심히 하자고, 동기들 중에서 최고가 되자고. 그래서 매일 새벽반 영어 학원을 빠지지 않았고, 퇴근 후에도 자기계발을 놓치지 않았다. 그런데도 승진은 늦어지고 업무성과도 만족스럽지 않다. 꼭 나만 늘 뒤쳐지는 것 같다. 그들과 출발선이 달라서 그럴까? 노력해도 안 된다는 생각에 의욕도 점점 떨어진다. 오늘 따라 커피 맛이 더 쓰다.

스트레스를 해결하려면 먼저 행동이 변해야 한다.
새로운 결심을 다짐하기 전에
혹시 내 삶의 방향을 잃지는 않았는지,
지금 결심한 모든 것이 내가 살아가야 하는 이유와
일치하는지 한번쯤 질문해봐야 한다. 그렇다면,
나는 어떻게 나아져야 할까?

"변화된 내 모습을 보고 싶어요"
_어제보다 나아지기

"매번 달라지려고 애를 많이 썼습니다. 사실 이제는 달라져야 한다는 부담이 너무 큽니다. 분명히 내 모습을 보면 달라져야 할 것이 많거든요. 김 대리나 박 대리는 자기 삶을 잘 달려가는 것 같아요. 나만 이 모양이에요. 나도 달라지려고 무진장 애를 썼어요. 그런데 안 되는 거예요." - 직장인 D

마음닥터 "어제보다 오늘 당신은 더 멋질 거예요"

우리는 타인과 나를 많이 비교한다. 그러나 진정한 비교는 자기 자신과 하는 것이다. 타인이 아니라 이전의 나보다 조금씩만 나아지려고 한다면 덜 부담스러울 것이다. 직장인 D 역시 김 대리, 박 대리와 자신을 자꾸 비교하면서 자기는 실패했다고 생각한다. 변화하겠다고 결심하지만 매번 실패했다고 생각하므로 자꾸 힘들어진다. 변한 것이 없으므로 불행하다는 생각이 든다. 왜 그들을 나의 삶과 연결시키는 걸까?

여기저기서 행복 타령이다. 행복 발전소, 행복 바이러스, 행복 나

늄, 행복 지킴이…… '행복'을 남발한다. 그 이유는? 우리가 행복하지 않기 때문이다. 행복 관련 연구의 세계적 태두인 에드 디너 일리노이주립대학 석좌교수는 "한국은 경제적으로는 세계 속에서 선진국에 속하지만 행복을 느끼는 것은 하위권에 머물러 있다"고 했다. 그는 감정에는 긍정적이고 좋고 유쾌하고 행복하고 즐겁고 만족스러운 '긍정적 감정'과 부정적이고 나쁘고 불쾌하고 슬프고 두렵고 화나는 '부정적 감정'이 있는데, 긍정적 감정 점수에서 부정적 감정 점수를 뺀 차이, 이른바 긍정적인 '차액'이 클수록 행복한 사람이 되기 쉽다고 했다. 그 점수가 세계에서 제일 높은 나라는 덴마크였다. 우리나라는 조사 대상 국가 가운데 마지막에서 두 번째로 최하위권이었다.

우리 연구팀에서 삶에 대한 만족도를 조사한 결과에서도 마찬가지였다. 다른 나라에 비해 자기 삶에 만족하는 사람의 비율이 적었을 뿐 아니라 만족한다는 점수 자체도 아주 낮았다. 다시 말해 우리나라 사람들 대부분이 부정적인 정서가 많다는 뜻이다. '자기 삶에 만족하는가'라는 질문에도 최하위권을 벗어나지 못했다. 경제력으로는 선진국을 넘보지만 행복 지수는 아프리카의 독재 국가인 짐바브웨와 비슷한 수준이었다.

이렇게 묻는 사람들도 있다. 왜 행복하려고 애쓰느냐, 행복하려고 아등바등하는 것이 오히려 행복을 방해하는 것이 아니냐, 행복이 인생의 최고의 가치는 아니지 않느냐……. 물론 행복이 반드시 성취해야 하는 가치는 아니다. 그렇지만 행복해야 하는 이유는 아주 많다. 우선 행복한 사람이 오래 살고 더 건강하다. 성인병 중에서 가장 문제가 되는 심혈관계 질환도 덜하며 면역력도 강하고 담배도 덜 피우는 등 건강에 좋은 행동도 더 많이 하는 것으로 알려져 있다. 행복한 사람이 사회적으로 성공하며 수입도 많을 뿐 아니라 사회적 관계도 좋고 다른 사람도 잘 도우며 생산성도 높다. 중요한 것은 행복하기 때문에 이렇게 되는 것이 아니라 행복한 사람이 이렇게 된다는 것이다. 행복은 결과가 아니라 원인이므로 당연히 행복할 수 있도록 하는 것이 중요하다.

그렇다면 우리나라 사람들은 왜 불행할까? 끊임없는 경쟁을 통해 성공만 지향하는 물질주의가 한몫 한다. 물질주의는 인생의 초점을 외부적인 것에 둔다. 끊임없는 경쟁, 이른바 제로섬 게임이 될 수밖에 없다. 항상 남과 비교하게 된다. 남보다 더 좋은 학교, 학과에 진학하는 것으로 시작해서 남보다 더 좋은 차, 더 좋은 집, 더 좋은 별장이 있어야 한다. 더 높은 직위에 올라야 하고 더 힘이 세야 하고, 더 잘 나가야 한다. 이렇게 되면 반대로 누군가는 더 낮아지고, 힘을 뺏기므로 불행해질 수밖에 없다. 결국 돈을 더 벌고, 남에게 더 인정받고 지금보다 더 높은 위치와 힘을 얻으려는 노력은 끝없는 욕심과 집착을 낳는다. 당연히 행복과는 먼 모습일 뿐이다. 어떻게 하면 이 욕망의 고리를 끊고 진짜 행복한 삶으로 나아갈 수 있을까?

외적 보상에 기대어사는 삶은 불행할 수밖에 없다. 반면 내적 보상은 자기 삶에 만족하면서도 남과 비교하지 않을 수 있다. 중요한 것은 외적 보상이 아니라 자기 안에서 내적 보상을 찾는 것이다. 타인의 외모, 재산, 능력과 비교하지 말고 내가 전보다 얼마나 더 나아졌는지, 얼마나 더 좋은 사람이 되었는지를 비교하자. 남이 아닌 자신의 이전 모습과 비교해서는 얼마든지 내가 더 나아지고 행복해질 수 있다.

"배우고 때로 익히면 또한 기쁘지 아니한가." 공자의 말씀이 정확하게 맞다. 화를 덜 내는 법, 긴장을 푸는 법, 여유 있게 말하는 법 등을 배우고 익히면서 전보다 성숙해져가는 자신을 발견한다면 그저 남보다 돈이 적다고, 작은 집에 산다고, 작은 차를 탄다고, 못생겼다고, 비전이 없다고 불평하고 불행해하던 삶에서 슬그머니 빠져나올 수 있다. 그리고 진정으로 행복한 삶을 시작할 수 있다. 잊지 말자. 나아진다는 것은 이전의 나보다 나아진다는 것이다.

나아지는 연습 1 [나와 비교하기]

비교가 무조건 나쁜 것은 아니다. 바람직한 비교는 남이 아닌 이전의 나 자신과 비교하는 것이다. 전보다 더 잘 참는지, 더 너그러워졌는지, 더 많이 걷는지, 화를 덜 내는지… 당신의 이전 모습과 비교하라. 미래의 이상적인 모습을 그리지 말고 이전의 나보다 조금만 더 행복해지면 된다. 비교 요법의 가장 큰 장점은 날마다 더 나은 사람이 되는 것이다. 자신 있게 비교하라!

· 남과의 비교는 불행의 시작이다.

· 비교는 남이 아니라 나의 이전 모습과 하는 것이다.

· 어제의 나와 오늘의 나를 비교하라.

"이러다가는 아무것도 안 될 것 같아요"
_된다는 믿음으로 나아지기

"회사 스트레스가 심합니다. 아주 힘들어요. 다른 직원들과의 관계도 쉽지 않고, 특히 일이 너무 많습니다. 툭하면 야근이고 주말에도 일할 때가 많습니다. 무엇보다 당장 마감이 있으니 퇴근을 해도 마음이 편치 않아요. 일이 늦어지면 여러 사람에게 폐를 끼치는 꼴이 되고 당장 위에서 불호령이 내려올 테니까요. 친구들을 만나 술 한잔 마신 날에도 밤에 컴퓨터를 켜고 다음날 제출할 보고서를 쓸 때가 많습니다. 이러려고 회사에 들어왔나, 평생 이렇게 살아야 하나 생각하면 한숨만 나옵니다. 스트레스 관리법이 있다고는 들었는데 도저히 짬을 낼 수가 없어요. 지금도 숨이 턱밑까지 닿아 있는데 스트레스를 관리하자고 따로 시간을 내면 정말 아무것도 못 할 것 같습니다. 그렇다고 그냥 이대로 가다가는 죽을 것만 같은데……. 어떻게 해야 하나요." – 직장인 H

마음닥터 "할 수 있다고 믿으세요"

시간은 한정되어 있는데 해야 할 일은 아주 많다. 일의 우선순위를 정하지 않으면 몸과 마음만 괴로울 뿐 아무런 성과가 나지 않는다. H처럼 '이대로 가다가는 죽을 것만 같다면' 스트레스 관리를 가장 우선으로 고려해야 하지 않을까. 관리란 이렇게 힘들 때 처리하는 방법을 알려주는 것이다. 평소 관리를 잘해서 내 몸에 스며들어 있다면 불가능해 보이는 일도 해결할 수 있게 된다. 핵심은 스트레스를 관리할 수 있다고 믿는 것이다. 이런 낙관적인 믿음이 전제되어야 그다음 단계로 나아갈 수 있다. 낙관적으로 생각하는 성향을 타고난 사람도 있지만, 설령 그렇지 않더라도 노력으로 계발할 수 있다. 먼저 낙관적으로 생각하고 스트레스 관리가 성공할 것이라고 생각하는 훈련을 해보자.

여러 연구를 종합해보면 행복을 결정하는 것의 50퍼센트 정도는 유전이라고 한다. 나머지 중에서 약 10퍼센트는 교육, 결혼, 수입, 환경 등 주변 여건에 영향을 받고, 약 40퍼센트는 본인의 의지와 노력에 따른 결과라고 한다. 이미 반 정도는 유전적으로 행복과 불행이 결정된다고 하니 좀 실망스러울 수 있다. 하지만 뒤집어 생각해보자. 완벽하게 행복한 유전자만 가지고 있는 사람은 없다. 또 완벽하게 불행한 유전자만 가지고 있는 사람도 없다. 유전자는 어쩔 수 없지만 그 지분은 50퍼센트밖에 안 된다. 의지와 노력으로 변화시킬 수 있는 40퍼센트의 지분이 있음에 감사하자. 주변의 요건은 행복을 결정하는 영향력이 10퍼센트밖에 안 된다. 돈을 더 벌면, 결혼을 하면, 더 나은 학위를 받으면, 안정된 직장이 생기면, 자녀가 생기면 더 행복해질 것이라고 믿겠지만 환경적인 것은 전체 행복 중에서 겨우 10퍼센트에 불과하다. 잘해봐야 10퍼센트밖에 안 되는 것에 인생을 소모하기보다는 당신이 스스로 좌우할 수 있는 40퍼센트에서 최대치를 뽑아내도록 노력하자.

이때 핵심이 낙관성이다. 낙관성은 잘될 것이라는 믿음이다. 낙관성 유전자를 타고나고 낙관적인 부모에게서 양육 받은 사람은 쉽게 낙관주의자가 될 수 있다. 그러나 비관적인 유전자를 타고나고 비관적인 부모에게서 양육 받은 사람은 어떻게 해야 할까? 지금까지 연구 결과에 따르면 그런 사람이라 하더라도 꾸준한 훈련과 교육을 통해 '의지적으로' 낙관주의자가 될 수 있다.

후천적 낙관주의는 '경험'에 의해서 생긴다. 살면서 겪는 사소한 일들에 대해 어떻게 생각하고 평가하느냐에 따라 낙관성이 만들어진다. 시험에서 통과한 것, 자동차 운전면허 시험에 붙은 것, 프로젝트를 훌륭히 해낸 것, 친구들과 잘 지낸 것, 동네 축구 경기에서 이긴 것, 컴퓨터 게임에서 이긴 것 같은 평범해 보이는 경험도 낙관성 형성에 영향을 미친다. 일상에서 반복적으로 경험한 기억을 바탕으로 "나에게 나쁜 일보다는 좋은 일이 일어날 것이다"라고 믿는 것이 중요하다. 스스로 이렇게 믿는다면 결국 그 사람은 낙관성을 유지하는 쪽으로 행동하게 된다. 공부를 잘하게 될 것이라고 믿는 사람은 포기하지 않고 공부를 더 한다. 공부를 더 하다 보면 성적이 오르고, '역시 나는 할 수 있어!'라는 자신감이 생기고, 이런 선순환을 믿을 수 있다면 낙관주의자가 되는 것이다.

물론 단 한 번의 성공이 낙관성으로 연결되는 것은 아니다. 낙관성은 큰 성과를 한 번 이루었을 때 생기는 것이 아니라 쌓이고 또 쌓여서 만들어진다. 티끌 모아 태산이라고 하지 않던가. 하루아침에 이루어지지는 않더라도 낙관성이 쌓이면 훨씬 행복해진다. 우선된다고 믿는 것부터 시작하자.

나아지는 연습 2 [차곡차곡 쌓기]

실패하지 않으려면 목표를 작게 잡는 것도 한 방법이다. 먼지가 차곡차곡 쌓이듯, 작은 변화가 누적되면 큰 변화도 기대할 수 있다. 누구나 먼지만큼은 변할 수 있다. 먼지가 되자. 아주 작은 변화부터 실천해보자.

· 집중이 안 될 때는 메신저를 잠시 꺼두거나 두 시간에 한 번만 이메일을 읽는다.

· 한 달에 10만 원 저축하는 것은 어렵지만 1만 원은 저축할 수 있다.

"부장님의 말 한마디에 상처 받아요"
_말 나아지기

"김 부장은 말을 험하게 해요. 말을 가릴 줄을 몰라요. 그렇다고 악의가 있는 것 같지는 않아요. 자기 딴에는 친근함을 표시하는 것 같은데 그 말을 듣는 사람은 상처를 받아요. '어이, 요즘 배가 많이 나왔네'라는 말을 들은 여직원은 화장실에 가서 울었대요. 안 그래도 머리가 빠져서 속상해하는 이 대리에게 '당신 곧 대머리 되겠다'고 해서 그 스트레스 때문에 탈모 증상이 더 심해졌다고 하고요. 누구라도 김 부장 앞에서는 초토화됩니다. 가까이 가기도 싫어요. 씹힐까 봐 늘 겁이 나요. 이번 프로젝트로 당분간 김 부장과 엮일 수밖에 없는데 정말 큰일이에요." - 직장인 S

마음닥터 "말 한마디에 마음이 살아납니다"

사람은 말로 자신의 격조를 드러낸다. 한 사람의 격조를 높이는 것은 쉬운 일은 아니다. 아마 김 부장은 쉽게 변하지 못할 것 같다. 그러니 격조 없는 인간의 말에 흔들릴 필요 없다. 다만 S는 김 부장 덕분에 말 한마디의 중요성은 잘 배웠을 것이다. 인간관계는 말로 시작되어 말로 꼬이고 말로 풀어진다. 그러니 항상 타인을 배려하며 말하는 법을 배우고 실천해야 한다.

취업 포털 잡코리아에서 직장인을 상대로 가장 듣기 싫은 팀장의 말이 무엇인지 설문조사를 한 적이 있다. 그 결과 '벌써 퇴근해?'가 응답률 34.1퍼센트로 가장 높았다. 그밖에 '토요일 또는 공휴일 전날 '내일 출근이다' '일이 없나 봐' '이것밖에 못 해' '회의하자' '휴가 취소됐다' 등이 있었다. 팀장의 말투를 묻는 질문에는 '권위적이다'는 응답률이 49.3퍼센트로 가장 높았다.

인간관계는 말이 전부라고 할 수 있다. 어떻게 보면 삶도 말이 합쳐진 결과일 수 있다. 말 한마디가 사람을 죽이고 살릴 수 있다. 예를 들어, 직장 동료가 "이번 연휴 때 제주도 가기로 했어"라고 말했다고 하자. 이때 당신이 어떻게 하느냐가 그의 마음을 죽일 수도 살릴 수도 있다. 살리고 싶다면 일단 "와우!"로 시작해야 한다. "와, 대단하다. 부럽다. 잘 결정했다. 밥은 어디서 먹을 거야? 렌트카는 예약했어? 숙소는 어디야?" 등 수많은 관심과 감탄을 연발해주면 상대는 신이 난다. 반대로 죽이고 싶다면 "야, 요즘같이 바쁜 때에 꼭 휴가를 내야 하겠니?" 정도의 공격을 날려주고 몇 마디를 더 보태면된다. "지금 가면 날씨 엉망이다. 뭐 하러 제주도를 가니, 나 같으면 그 돈으로 동남아 가겠다. 요새는 중국 관광객이 몰려서 제주도가 엉망이래" 정도면 충분하다.

어떤 사람은 고개 한 번 돌려보고 아무 말 하지 않는 필살기로 사람을 죽이기도 한다. 내가 내뱉는 말 한 마디 한 마디에 주변의 사람들이 울고 웃는다. 내 말은 사람을 죽이는가, 살리는가. 나의 격조는 내가 하는 말에 달려 있다. 대화로 사람을 죽이고 살릴 수도 있다. 대화의 뜻은 서로 필요한 것을 주고받기 위해 의미를 메시지로 주고받는 것이다. 누구나 대화를 잘하고 싶어 하지만 의외로 대화를 부드럽게 잘하는 사람은 드물다. 대화 안에 담겨야 하는 의미와 메시지를 잘 구분하기도 어렵고, 대부분 이것을 섞어서 쓴다. 예를 들어, 방을 엉망진창으로 만든 아이에게 엄마가 방을 치우라고 말할 때 "너는 누구를 닮아서 이 모양이야. 왜 돼지우리같이 해놓고 사냐"고 쏘아댄다. 엄마가 진짜 하고 싶었던 말은 "깨끗하게 지내라. 청소를 잘하고 잘 정돈하는 사람이 되어야 한다" 정도일 것이다. 그러나 엄마의 말에 담긴 메시지는 아이를 향한 비판과 비난이다. 이런 말을 들은 아이가 정신 차리고 엄마가 바라는 대로 하리라 기대하는가. 아이는 '우리 엄마는 나만 보면 비난한다. 자기가 신경질 나니까 나만 잡는다'는 식으로 해석하게 되고, 당연히 자기 방어에 나서거나 저항하거나 오히려 반격할 수도 있다. 엄마가 전달하고 싶었던 진정한 의미는 통하지 않고 아이와 싸움이 나는 식으로 일은 엇나간다.

의미를 잘 전달하기 위해서는 대화에서 폭력적인 요소를 제거해야 한다. 평화운동가이자 임상심리학자인 마샬 로젠버그 박사는 미국 연방정부의 갈등 해소 프로젝트의 하나인 '비폭력 대화(nonviolent communication)'를 개발했다. 비폭력 대화는 기본적으로 판단, 평가, 진단, 분석하기보다는 느낌과 욕구를 중심으로 하는 과정의 언어를 사용하면 협력과 조화를 나눌 수 있다는 것이 원칙이다. 세상 일을 옳고 그름, 선악과 보상, 처벌로 인한 통제로 보는 것이 아니라 수용과 자발성에 초점을 두고 서로 도와가는 공동체 정신을 키우자는 정신이다. 비폭력 대화의 핵심은 말할 때, '판단'과 '사실'을 구분하고, 주관적 판단이 아닌 객관적 사실에 근거하여 '느낌'과 '욕구' '요청'을 말하고 생각하는 것이다. 예를 들어, 엄마가 잔소리를 할 때 "엄마는 나만 보면 뭐라고 한다"고 생각하는 것은 '판단'이다. 이것을 '사실'로 바꾸면 "지난 일요일 밤에 형과 텔레비전을 보고 있는데 엄마가 내일 일어나기 힘드니까 일찍 자라고 했다"가 된다. 자신의 판단만 가지고 말을 하다보면 자신이 가진 편견에서 벗어나기 쉽지 않다.

나아가 판단에 의거해서 말하는 것이 아니라 자신의 느낌, 욕구, 요청대로 말하는 데 익숙해져야 한다. 자녀에게 "도대체 왜 공부를 안 해? 그러다가는 빈둥대는 것 말고는 아무것도 못 한다"고 말하는 것은 매우 '판단'적인 언어다. 이럴 때는 "나는 네가 공부를 좀 열심히 했으면 좋겠구나(욕구)" "네가 아무것도 안 하는 모습을 보면 난 안타깝단다(느낌·감정)" "오늘부터는 학교 갔다 오자마자 두 시간 동안은 책상에 앉아서 공부를 하는 것이 어떻겠니(요청)" 식으로 느낌과 욕구와 요청에 따른 말로 바꾸어야 한다.

비폭력 대화를 처음 접하면 낯설 수 있지만 불가능한 목표는 아니다. 세상에는 이런 대화를 배워서, 혹은 선천적으로 타고나 잘하는 사람이 얼마든지 있다. 그런 사람 주변에는 늘 사람들이 따르고 그 사람과 함께 대화하는 것만으로도 마음이 편안해진다. 비폭력 대화를 할 줄 모르는 사람의 이야기를 들을 때, 말 한마디에 반응하지 말고 그 뒤에 숨어 있는 그 사람의 욕구나 느낌에 반응할 수 있다면 머잖아 언어의 마술사가 될 것이다. 우리의 목표는 말을 잘하는 사람이 아니라 좋은 말을 하는 사람이 되는 것이다.

평소 즐겨 하는 말의 위력은 강력하다. 캔사스 대학교의 연구팀이 가수의 가사를 분석하고 연구했다. 자신의 노래에 감정을 실어서 수천 번 이상 부르는 가수들은 가사 내용에 영향을 받을 것이라는 가설 아래 타계한 유명 가수 66명의 음원을 디지털로 분석해서 정서가 실린 단어들을 찾아내고 분류해보았다. 그 결과 긍정적인 노래를 부른 가수들이 더 장수했다. 특히 밝고 행복한 내용의 긍정적인 정서와 관련된 가사는 확실하게 영향을 끼쳤다. 반면에 분노를 표현한 가사의 노래를 부른 가수의 수명은 생각보다 짧았다. 가수의 운명은 자기가 부르는 노래에 영향을 받는다던 말이 연구 결과로 확인된 것이다.

나아지는 연습 3 [욕·감·요 말하기]

비폭력 대화의 기본인 욕구/감정/요청을 '욕·감·요'로 외워보자. 당신이 실적이 나쁜 팀의 팀장이라고 가정해보자. 마감을 앞두고 "너네 뭐하는 거냐? 안 되면 죽을 줄 알아"라고 말하고 싶지만 '욕·감·요'로 바꿔보자. 다음 방식으로 '욕·감·요'를 한 달만 해보자.

(욕) 내가 정말 하고 싶은 것

우리 팀이 전체 중에서 중간 이상의 실적을 내고 싶다.

(감) 지금 나의 감정

지금까지 팀 성적을 감안하면 쉽지 않을 것 같다. 그래서 초조하고 불안하다.

(요) 내가 원하는 부탁

이번 주는 아침에 한 시간 먼저 일을 시작하자. 저녁에도 가능한 사람은 한 시간만 더 일을 해줄 수 있으면 좋겠다.

"주말에도 회사일로 시간을 보내요"
_ 잘 놀면서 나아지기

"원래는 참 잘 놀고 즐겁게 살던 사람이에요. 그런데 정기적으로 마감을 하는 일을 하다보니 일중독인지 주말에도 회사 일을 붙들고 지내요. 심지어 인트라넷으로 처리할 일이 많아 자꾸 회사에 들어오기까지 합니다. 개인적인 시간은 실종되고 회사 일로 내 시간을 다 보내는 것 같아요. 주말에 개인적으로 하고 싶은 일을 해보려고 시도했지만 별로 재미가 없었어요. 밀린 회사 일을 하는 게 더 좋았어요." - 직장인 E

마음닥터 "일 말고 다른 재미도 중요합니다"
많은 사람이 일을 재미없고 노는 게 훨씬 재미있다고 생각하지만 사실 일만큼 재미있는 것도 별로 없다. 일을 하면 보상이 따르고 성취감도 생기므로 재미있다고 느끼게 되고, 그래서 중독되기도 쉽다. 문제는 일만 하고 살 수는 없다는 것이다. 일 말고도 재미있는 것이 있어야 한다. 일 외에 그 어떠한 것도 재미가 없다면 위험 신호가 켜졌다고 할 수 있다. 한 가지 음식만 먹는 것이 몸에 해롭듯이, 인생에서 다양한 재미가 조화되어야 균형 잡힌 삶을 살 수 있다. 일상생활 속에서 잘 놀면 스트레스도 많이 해소된다.

그런데 의외로 논다는 것을 받아들이지 못하는 사람이 많다. '오락결핍증후군'은 '과도오락탐닉증후군' 못지않게 문제가 크다. 일로 지치고 힘들 때 노는 것은 방전된 배터리를 충전하는 효과가 있다. 잘 놀지 못하면 심장병, 암, 뇌졸중에 걸리기 쉽고, 중독의 유혹에도 쉽게 빠진다. 특히 우리나라 사람들은 여가를 부정적으로 생각하곤 한다. 여가(餘暇)라는 말 자체가 '남는, 비는 틈, 겨를이 생긴 여유'를 뜻한다. 국어사전에서는 "일이나 공부 따위를 하지 않아도 되는 자유로운 시간, 또는 그 시간을 이용하여 쉬거나 노는 일"로 정의한다. 일반적으로 일이나 공부는 목적 달성을 위한 수단이므로 힘들고 강제성도 있다. 그렇지만 놀이는 그 자체로 즐거움과 만족을 주고 아무런 강제성 없이 자발적으로 이루어진다.

아이들은 일과 놀이의 구분이 없다. 놀이가 곧 일이다. 잘 노는 아이들이 발달과정도 원만하고 사회에도 잘 적응한다. 지나치게 어린 나이에 놀이 대신 공부 같은 압박을 받으면 아이들의 정상적인 발달을 막을 수 있다. 놀고 쉬는 것은 아이뿐 아니라 어른에게도 중요하다. 평소 일에 대한 압박감에서 벗어나 여가를 가진다면 기분을 전환하고 피로를 풀고 의욕을 새롭게 다질 수도 있다. 그렇지만 인생에서 일이나 공부가 중요하다고 생각하는 사람은 빈 시간에 쉬거나 노는 것에 죄책감을 느끼기도 한다. 그래서 여가가 더 중요해진다. 최근의 긍정심리학의 연구 결과에 따르면 여가 생활은 행복한 삶의 필수조건이다. 여가 생활에 만족하는 사람은 전반적인 삶의 만족도가 높다. 여가 활동은 기분을 즉각적으로 좋게 전환시킨다. 편안하게 쉬면서 좋아하는 것을 하면 확실히 긍정적인 정서를 불러일으킨다.

특히 사람들과 함께 여가 생활을 즐기면 대인관계가 좋아진다. 타인과 정서적으로 통하는 것은 사회적 욕구를 충족시키고, 또 여가는 자아 정체감 형성에도 도움이 된다. 여가에 잘 몰입하는 사람은 여가를 통해 자신의 또 다른 측면을 강화할 수 있다. 예를 들어 평범한 회사원이 밴드를 결성하고, 특정 오토바이의 엔진 소리를 즐기며 라이딩을 하고, 오디오 마니아가 되면서 자신만의 독특한 문화를 만들어낼 수 있다.

여가는 기본적인 인간의 내적 욕구를 충족시킨다. 공부나 일은 자발적으로 하는 사람이 많지 않다. 자발적으로 하지 못하니 불편할 수밖에 없다. 여기에 스스로 선택하고 좋아해서 참여하는 여가 시간이 있다면 이것은 당연히 즐겁고 내적 욕구를 만족시키는 시간이 된다. 오랫동안 같은 여가 활동을 하면서 스스로 발전한다는 느낌을 갖는 것도 중요하다.

그러나 여가 시간을 늘리기만 해서 삶의 만족도가 늘고 행복해지지는 않는다. 어떤 사람들은 여가 시간을 갖는 것이 중요하다고 생각해 좋아하지도 않는 일에 투자한다. 실제로는 집에서 조용히 책을 읽거나 음악 감상을 좋아하면서도 주말에는 여가를 즐기겠다며 여행을 나섰다가 교통체증과 인파에 치어서 그나마 가지고 있던 에너지마저 고갈되는 경우도 많다. 여가를 따로 구분하기 어렵다보니 늘 놀다시피 하는 사람도 즐거움을 찾기가 쉽지 않다. 특히 이런 현상은 은퇴 초보자들에게 흔히 나타난다. 일에 치여 사는 동안 '은퇴하면 여가를 즐기면서 살아야지'라고 생각했다가 은퇴하자마자 등산에 열을 올리고 일주일에 다섯 번 골프를 치고 매일 여행을 다닌다. 처음에는 즐겁겠지만 곧 한계효용에 도달한다. 그날이 그날 같고, 별로 즐겁지 않고 시들해진다.

여가는 중요하고 필수적이다. 그러나 여가를 어떻게 보내느냐 하는 자기만의 지혜가 필요하다. 평소 일로 해결되지 못하던 것을 여가로 채울 수 있다면 삶은 한층 더 행복해진다.

나아지는 연습 4 [놀면서 충전하기]

직장생활은 긴장의 연속이다. 이완 없이 긴장된 생활만 계속하다가는 업무 효율성
도 떨어질 뿐 아니라 개인적인 삶의 균형도 깨지기 쉽다. 행복한 삶을 위한 재충전
을 도울 수 있는 놀이 목록을 만들어서 이어가보자. 다음과 같이 나만의 놀이 목록
5개를 써보자.

1. 아무 데도 안 가고 빈둥빈둥하기

2. 편하고 늘어지는 옷 입고 빈둥거리기

3. 네일 케어로 멋 부리기

4. 옛날 앨범 보기

5. 맛있는 요리 만들어보기

1. _____

2. _____

3. _____

4. _____

5. _____

"늘 마음이 불편하고 기분이 안 좋아요"
_마음운전 나아지기

"나보다 실적이 좋고 발표도 잘하는 동기와 후배들을 볼 때마다 내가 못난 사람같이 느껴집니다. 다른 직원들은 열심히 잘사는 것 같은데 나만 힘든 것 같아요. 이번에도 진급이 안 될 것 같은 부정적인 생각을 떨칠 수가 없어요. 사람들도 불친절하고 적대적인 것 같아요. 늘 마음이 불편하고 기분이 좋지 않아요. 내가 잘못한 것 같은데, 어디서부터 잘못되었는지 모르겠어요. 그런 생각을 하지 말아야지 하는데도 마음을 다잡을 수가 없어요." - 직장인 J

마음닥터 "1초만 지금 이 순간에 집중해보세요"

J는 지금 당장 회사에서 어려운 일이 있는 것은 아니고 자신의 마음 때문에 힘든 것 같다. 한 번 마음이 힘들어지면 지난 일이 후회된다. 치명적인 잘못을 저지른 것 같고, 한없이 위축되고 작아지는 자기 자신이 싫어지면서 항상 우울하다. J는 지금 현재 인생을 사는 것이 아니라 과거에 매달려 살고 있다. 다시 돌아오지 않을 과거에 삶이 지배당하고 있다.

미래를 미리 사는 사람도 있다. 이들 중에는 걱정이 많은 사람도 있다. 앞으로 이런 일이 일어나면 어쩌나, 혹은 안 일어나면 어쩌나 두려워한다. 오지도 않은 미래에 대한 걱정 때문에 마음 편할 날이 없다. 실제로 일어난 일이면 대책이라도 세울 수 있을 텐데 마음 속으로만 고민하며 걱정하는 것이다보니 뭘 어떻게 할 수가 없다. 마음은 정말 '요물'이다. 내 마음인데도 과거 아니면 미래로 달려가는 마음을 어찌할 수가 없다. 자동차 운전을 하려면 운전면허를 따야 하듯, 마음을 운전하려면 마음을 운전할 면허를 따야 할지도 모르겠다. 자꾸만 과거로, 미래로 달려가는 마음을 현재에 붙잡아두려면 마음에도 운전기술이 필요하다.

'지금 여기'에 현존하는 방법을 깨우칠 수만 있다면 많은 어려움이 극복될 것이다. 실제로 현존하는 순간은 아무런 문제가 없는 바로 지금이다. 온종일 온전히 현존하기는 어렵다. 한 시간도 쉽지 않다. 하지만 고민이 많고 심각해도 1초 동안 지금 이 순간에 집중하기는 불가능한 일이 아니다. 그 시간을 조금씩 늘리면 된다.

암벽 등반을 생각해보자. 온몸을 오로지 손가락의 힘에 의지해서 매달려 있을 때는 바로 이 순간밖에 없다. 그때는 경제 상황도, 가족 간의 갈등도, 대인관계도, 앞으로의 거취도 중요하지 않다. 이렇게 오직 현존하는 순간을 자꾸 훈련하는 것은 정신 건강에 큰 도움이 된다. 호흡을 하면서 콧속으로 들어오는 공기를 느끼면서, 걸을 때 땅에 닿는 느낌을 알아차리면서, 음식을 씹을 때 그 느낌을 찬찬히 음미하면서 지금 이 순간의 현존을 느껴보자.

고대로부터 영적 체험은 지금 이 순간의 충만함을 느끼는 것을 매우 중요하게 여겨왔다. 선불교에서는 완벽하게 지금 여기 이 순간에 깨어 있음으로 해서 어떤 고통이나 번민, 괴로움도 존재하지 않게 모든 것을 녹이는 것을 중요하게 생각했다. '내일의 걱정은 내일에 맡겨라' '어떠한 걱정도 키를 한 자나 키우게 할 수 없다'는 기독교적인 가르침도 지금 이 순간을 강조한다.

지금 이 순간에 집중하면 진짜 삶을 만나게 된다. 가만히 앉아서 자신의 모든 감각을 동원하여 이제까지와는 다른 방식으로 주변을 돌아보자. 빛과 그림자를, 색을, 감각을, 공간을 느껴보자. 천천히 숨을 들이쉬고 내쉬면서 호흡에 집중하고 공기의 흐름을 느껴보자. 이런 식으로 경험할 수 있는 것이 얼마나 많은지, 또 얼마나 낯선지 깨닫게 될 것이다.

삶의 외면적 상황이 아닌, 삶의 내면으로 들어가서 삶을 경험하는 것은 자신을 다른 관점으로 바라볼 수 있는 좋은 기회다. 심리학 용어로 말하자면 '관찰적 자아'가 생기는 것이다. 우울의 바닥에 빠져서 마냥 허우적거리는 것이 아니라 '아, 내 기분이 우울하구나' '내가 우울한 생각을 하는구나' 하며 나 자신을 이해하기 시작한다. 매일매일 불안 속에서 간신히 살아가는 것이 아니라 '아, 내가 많이 불안하구나' 하며 한 발 떨어져서 자신을 생각하게 된다. 이처럼 지금 이 순간을 알고 느끼는 것은 스트레스로부터 나를 보호하는 중요한 열쇠이다.

우리나라 사람들은 유난히 감정적이다. 기분에 따라서 좌지우지되는 경향이 크다. 감정은 매우 강력해서 마음을 압도한다. 감정은 마음의 한 부분에 지나지 않지만 힘이 강력하다. 감정이 좋은 쪽으로 힘을 발휘하면 큰일을 낸다. 신명나게 일을 하면 도저히 꿈도 꾸지 못할 업적도 이루어낸다. 반면 기분 때문에 벌어지는 좋지 못한 결과도 아주 많다. OECD 국가 중 1위에 올라서 좀체 선두 자리를 내어주지 않는 자살률 1위라는 오명도 기분과 연관이 있을 수 있다. 경제적으로 힘들고, 비전은 없고, 가족 간에 갈등이 있을 수 있고, 사고가 벌어질 수도 있다. 하지만 그 결과로 기분이 극도로 저조해진 상태에서 죽음을 결정하고 행동하는 것은 결국 자신에게 단 하나의 희망도 없다고 느꼈기 때문이다.

감정에 충실한 것이 나쁜 것이 아니다. 사람은 희로애락의 감정이 있고 그것을 제대로 느끼는 것이 당연히 좋다. 감정을 억제해서 감정을 느끼지 않는 것처럼 참고, 억누르다보면 화병이 생길 수 있고, 몸이 아프다든지 하는 식으로 엉뚱하게 드러나기도 한다.

물론 모든 감정을 과격하게 표출해야 한다는 것은 아니다. 다만 감정은 그 사람의 일부일 뿐, 그 사람 자체가 아니라는 점을 기억하자. 감정은 인간의 수많은 기능 중 하나일 뿐, 그 사람의 본질이 아니다. 그 사람의 본질이 파랗게 빛나는 아름다운 별, 지구라면 감정은 그 지구를 둘러싼 구름에 지나지 않는다. 구름이 많은 곳은 흐리고 비도 오고 어둡겠지만 그것이 지구 자체를 의미하지는 않는다. 언젠가는 구름이 걷힐 것이고 태양도 환하게 비칠 것이다.

어떤 감정이 들더라도 그것이 나 자신이라고 믿지 말자. 감정에 빠져서 허우적거리지 말고 그 감정을 충분히 느끼기만 하자. 대신 지나치지는 말자. 자신의 마음을 잘 운전하는 것, 직장 스트레스를 잘 넘어가는 현명한 해법이 아닐까.

나아지는 연습 5 [감정조절 운전하기]

감정은 감정일 뿐이다. 감정이 나를 지배하는 것은 아니다. 만약 직장에서 윗사람에게 모멸감을 느낄 만한 일을 당했다면, 그래서 주체할 수 없는 어떤 감정이 타오른다면 다음과 같이 감정조절 운전 4단 기어 요법을 따라해보자.

1단_ 내 감정 파악하기

어떤 일이 벌어지고 어떤 감정이 생겼는지 지켜본다. 그러고 나서 기분과 몸이 어떻게 변했는지 살펴본다. 자신에게 강한 감정이 일어났는지를 알아챘으면 '나는 지금 화가 많이 났구나' '나는 지금 불안하구나' 하는 식으로 감정 상태를 관찰한다.

2단_ 부정적인 감정 알아채기

나는 제대로 할 줄 아는 게 없다, 아무도 나에게 관심이 없다, 사람들은 늘 나에게 상처를 준다, 누구도 믿을 수 없다 등 머릿속에 떠오르는 부정적인 생각들을 알아본다.

3단_ 부정적인 생각을 유연한 생각으로 바꾸기

부정적인 생각과 부정적인 말을 그만두기 위해서는 '살다보면 그런 일도 생길 수 있어' '그럴 수도 있지'라는 유연한 생각과 말로 바꿔본다. 더 적극적으로 '이것 또한 지나갈 거야' '감정은 파도처럼 오고 또 가는 거야' '이것은 두려움을 이겨내는 방법을 배우는 기회야'처럼 발전할 수 있다.

4단_ 감정 조절 운전하기

· 천천히 자신의 호흡에 집중하기

· 몸의 내부에서 어떻게 느끼는지 알아차리기

· 자신이 느끼는 감정이 진짜 어떤 감정인지 느껴보기

· 감정이 점차 커지는지 사라지는지 파도처럼 바라보기

· 새로운 감정이 나타나거나, 기존의 감정이 변화하면 바라보기

· 감정을 막고자 하는 욕구가 나타나도 그저 바라만 보기

· 감정을 없애려고 하는 어떤 충동이 나타나도 그저 바라보기

· 감정에 대한 자신, 타인에 대한 판단을 바라보기, 그리고 떠나보내기

· 감정이 변화하거나, 사라질 때까지 바라보기

· 천천히 호흡을 하면서 마치기

"직원이 실수하면 화가 나요"
_화 나아지기

"부하 직원이 같은 실수를 반복하면 화가 납니다. 나를 무시하나 싶은 생각이 들 때도 있고, 아니 그전에 치밀어 오르는 분노를 참기가 힘듭니다. 어려서 아버지가 화내는 모습을 많이 보고 자라서 화를 내지 않으려고 무척 애를 씁니다. 평소에는 화를 많이 내는 편이 아니에요. 그러다가 한 번 뚜껑이 열리면 그야말로 눈에 보이는 것이 없습니다. 제정신이 아닌 것처럼 소리를 지르고 난리를 칩니다. 서류를 집어던질 때도 있고요. 화가 가라앉고 나면 부끄럽고 후회하지만 막상 그때는 제어가 안 됩니다. 처음에는 회사에서만 그랬는데 요즘은 아이들에게도 물불 가리지 않고 화를 낼 때가 있습니다. 이런 내가 무섭습니다." - 직장인 K

마음닥터 "기대치를 낮춰보세요"

화를 이기지 못해 힘들어하는 사람이 많다. 화는 불붙은 숯불이라고 생각하면 된다. 몹시 화가 나서 퍼붓는 것은 상대에 숯불 덩어리를 던지는 것과 같다. 그 불을 정통으로 맞는 사람은 심한 화상을 입을 것이다. 숯불을 던지는 나도 타격을 입는다. 숯불을 맨손으로 잡아서 던지는 격이므로 내 손은 벌써 화상으로 엉망진창이 된다. 화는 말 그대로 불이다. 그 불을 잘 다루는 기술을 배워야 한다. 절대로 맨손으로 집어서 타인에게 던져서는 안 된다. 나도 상하고 상대도 다친다.

화, 즉 분노는 인간의 기본적인 감정이다. 그래서 화를 내는 것은 전혀 이상한 일은 아니다. 하지만 분노 자체가 몹시 강렬한 감정이므로 강력한 영향을 미친다. 화는 다양한 이름으로 나타난다. 공격성, 불쾌감, 반발심, 신경질, 울화, 노여움, 성남, 짜증, 분노, 격노, 발광, 광포, 적개심, 복수심, 증오심, 원망감, 괘씸함, 광분…… 직장에서 이런 형태로 분노를 폭발하는 사람이 많다. 그런데 이런 형태로 화를 내면 그 화를 당하는 상대방 역시 또 화를 내고, 그 화 때문에 나는 또 화를 내는 악순환으로 빠져든다. 특히 직장처럼 같은 사람들을 매일 대면하는 곳에서 화를 내기 시작하면 그 사람들이 나를 피하고, 그것 때문에 또 화가 나는 악순환이 될 수밖에 없다. 이런 것이 싫어서 화를 꾹 참으면 그 화가 내면으로 파고들어 후회, 자책, 자괴감, 자해, 자살 같은 끔찍한 결과를 초래한다.

화를 안 낼 수 없다면 적절한 해결책이 필요하다. 좋은 방법 중 하나가 생각의 유연성을 키우는 것이다. 타인에게 기대를 많이 할수록 화가 난다. "네가 나한테 어떻게 이럴 수 있어?" 흔히 듣는 말이다. 기대가 클수록 이루어지지 않았을 때 실망과 화로 연결될 수 있으므로 적당히 기대해야 한다. 기대를 하지 않는다는 게 포기한다는 의미는 아니다. 인간은 완벽한 존재가 아니므로 언제라도 실수나 실패를 할 수 있다. 과도하게 기대하지 않는다면 웬만한 일에는 분노하지 않을 수 있다.

화를 잘 해결하는 길은 용서다. 용서(容恕)에서 '서(恕)'는 '같을 여(如)' 자에 '마음 심(心)' 자가 붙어 "마음을 같도록 한다"는 뜻이다. 나에게 화를 부추긴 사람과 마음을 같도록 한다? 득도의 경지에 오르지 않고서는 실천하기 어려운 일이다. 하지만 화를 잘 풀고 놓아두어야만 활활 타오르는 강한 에너지가 자신을 태우지 않는다. 화는 밖으로 향하면 타인을 태우고 나서 다시 나에게 돌아오고, 안으로 향하면 자신을 태워버린다. 자꾸 화에 연료를 제공해서는 안 된다. 화가 나는 것은 자연적인 현상이지만 화를 곱씹고 복수할 방법을 모색하는 것은 화를 키우는 것이다. 매우 강력한 감정인 화를 그대로 놓아두는 것만으로는 해결이 안 된다. 그때 쓸 수 있는 방법이 화를 '건설적'으로 전환하는 것이다. 월트 디즈니가 좋은 예이다. 그가 젊었을 때 동네 놀이터에서 그네에 앉아 있다가 삐죽 튀어 나온 못에 찔려 부상을 입었다. 몹시 화가 나는 상황이었는데 그는 '형편없는 놀이터' 대신 어린이가 안심하고 놀 수 있는 놀이터를 만들어야겠다고 다짐했다. 그렇게 해서 꿈의 디즈니랜드는 만들어졌다.

상사에게 질책을 듣고 화가 났을 때, 그것을 자기계발의 계기로 삼을 수 있다. 상사와의 갈등 때문에 불거진 화를 성과를 내는 일로 전환해서 풀 수 있다. 화가 날 때마다 그것을 해결하기 위해서 운동을 할 수도 있다. 강력한 감정을 관점을 달리한다면 대단히 생산적인 일로 바꿀 수 있다.

반대로 화를 직접적으로 풀어버리거나 무작정 참는 것, 혹은 술을 마시거나 충동적으로 물건을 사버리는 식으로 간접적으로 풀어버린다면 또 다른 화를 초래하게 된다. 분노는 분노를 부른다. 분노를 지르고 나면 그것은 또 다른 분노를 부를 뿐이다. 항상 긴장해 있다보니 사소한 일에도 쉽게 흥분하고, 주변에서는 화를 잘 내는 사람으로 찍히다보니 무시당하거나 대인관계에서 손해 보는 일도 많이 생긴다.

화는 누구에게나 공통적으로 나타나는 감정이다. 하지만 화를 해결하는 것은 각자의 선택이고, 그 선택에 따라 결과는 극명한 차이가 있다. 화를 낸다고 해서 스트레스가 줄어드는 것은 아니다. 화(火)를 무작정 냄으로써 화(禍)를 초래할 수 있다. 심장병과 고혈압 같은 건강이 악화되고, 화병이 심해지는 역효과가 나타난다. 자신을 화나게 한 사람을 일방적으로 부정적으로 보니, 상대방은 당연히 방어적으로 나오고 화내는 사람을 싫어하게 된다. 결국 또 악순환에 빠진다. 이러다보니 평소에도 화가 잘 난다. 아무 상관없는 사람에게도 화를 내고, 항상 긴장하게 되고, 나중에는 화낸 것을 후회한다. 또 화를 자극한 사람이 자신에게 피해를 주었다고 생각해 스스로를 피해자로 보게 된다. 당연히 우울하거나 불안하고, 술을 마시거나 담배를 피우면서 건강까지 상하게 된다.

화를 내는 것은 일종의 버릇이다. 화가 나는 진짜 이유가 무엇인지 냉정하게 돌아볼 필요가 있다. 화를 내는 게 타당한지, 혹시 이유 없이 버릇대로 나오는 것인지 따져봐야 한다. 다르게 생각할 수는 없을까? 누구보다 자신을 상하게 하지 않으려면 화가 나는 진짜 이유를 잘 따져봐야 한다. 하지만 속수무책 감정이 점점 타오른다면 화난 곳에 머물지 말고 장소를 옮기는 것도 방법이다. 감정은 일단 불이 붙으면 그 안에서 진정하는 것이 불가능하다. 감정을 진정시키려면 그 사건과 현장을 떠나는 것에서부터 시작해야 한다.

나아지는 연습 6 [화 배출하기]

어떤 방법이든 화가 안전한 방법으로 표출되는 것은 다 좋다. 화가 나는 것은 자연스러운 감정이다. 그러나 그것이 밖으로 터지면 관계를 깨고 안으로 파고 들어가면 모든 것을 망친다. 화는 자동반응이다. 그래서 알고리즘을 바꾸어서 다른 방식으로 화를 전환시킬 수 있다. 타당한 화인지 버릇대로 나오는 것인지 구분하자. 화는 결국 상대뿐만 아니라 자신에게도 치명적인 화상을 입힌다. 다음과 같이 화난 순간을 넘길 수 있는 기술을 익히자.

1. 화가 났을 때 냉동실에서 얼음 한 덩어리를 꺼내어 꼭 쥐어본다. 다른 것 말고 순전히 손이 얼어오는 것 같은 얼얼한 감각에만 집중한다.

2. 풍선 위에 싫어하는 사람의 얼굴을 그려서 바람을 불어넣은 뒤, 터뜨린다.

3. 상처를 주고 화를 내게 한 사람에게 편지를 쓴다. 그가 저질렀던 만행을 조목조목 쓰고 왜 그렇게 내가 그를 싫어하는지 쓴 다음, 그 편지를 태워버린다.

4. 고무공이나, 양말을 돌돌 말은 것, 베개를 벽을 향해서 세게 던질 수 있는 한 세게 던진다. 엎드려서 얼굴을 베개에 파묻고 소리를 지른다.

5. 이것저것 복잡할 때는 그냥 울어버린다.

"회사에만 가면 불안해져요"
_불안 나아지기

"주말이나 퇴근 후에는 괜찮은데 회사에만 가면 불안해집니다. 가슴이 마구 뛰고 얼굴도 벌겋게 달아올라요. 특히 발표를 앞둔 날 매우 불안합니다. 밤새워 달달 외우다시피 해서 준비하지만 사람들 앞에 서면 심장이 터질 것 같고 머릿속이 새하얘져서 말을 더듬거립니다. 얼마나 바보 같아 보이겠어요. 이런 내가 정말 싫습니다. 차라리 회사를 그만두고 자영업을 하는 게 낫지 않을까 싶을 때가 한두 번이 아닙니다." - 직장인 C

마음닥터 "불안을 불안해하지 마세요"

불안장애는 아주 흔하다. 유럽에서 이루어진 한 연구에 따르면 인구의 약 25퍼센트가 불안장애일 정도다. 우리나라 교과서에도 술, 담배 중독을 제외하면 가장 많은 정신과적 장애가 불안장애로 올라 있다. 불안장애의 징후는 불안과 공포다. 특별한 대상이나 상황에 대하여 공포를 느끼는 공포를 '특정 공포증', C처럼 사람들 앞에서 발표나 강의를 해야 하는 사회 상황에 대하여 느끼는 공포를 '사회공포증', 모든 일에 불안을 느끼고 항상 걱정이 많고 긴장되고 초조해하면 '범불안장애'라고 한다. 한꺼번에 불안이 확 밀려와서 죽을 것 같고 미칠 것 같아서 어쩔 줄 모르게 되면 '공황장애', 사고나 재해 같은 공포 상황인 정신적 외상을 겪고 나서 불안해하면 '외상후 스트레스 장애'라고 한다.

불안장애는 이처럼 다양하지만 그 특징은 무엇인가를 '두려워하고' 그 두려워하는 것을 '피하려 한다'는 것이다. 새를 무서워하는 사람은 새 소리만 들어도 무섭고 새가 있는 곳은 절대로 가지 않는다. 지하철에서 공황을 겪은 사람은 다시는 지하철을 타지 않는다. 직장생활을 하면서 불안을 겪은 것이면 직장생활을 하지 않거나 사람들 앞에서 발표를 하지 않으면 불안이 없어질 것이라고 생각해서 아예 직장을 그만두거나 발표를 하지 않는 부서로 옮기는 경우도 많다. 그렇지만 그것으로 문제를 해결하지 못한다. 불안한 상황을 겪으면서 그 불안감이 나를 어떻게 할 수 없음을 직접 경험해야 해결할 수 있다. 불안이 덤비는 것을 무서워하지 않아야 불안으로부터 자유로워질 수 있다.

현대 사회는 사람들에게 불안감을 부추긴다. 사람들이 느끼는 불안을 이용해서 행동하게 한다. 부모들이 아이들에게 공부하라고 할 때도 불안을 조장한다. "공부 안 하면 네 인생은 끝이야!" "이 성적으로 그대로 가면 노숙자밖에 못 된다." "좋은 대학에 못 들어가면 직장도 못 구해." 거의 협박에 가깝다. 공부를 안 해도, 좋은 대학에 들어가지 못해도 나름대로 살 길이 있음에도(어쩌면 부모 자신이 그 증거일 텐데도) 부모들은 사실대로 말하지 않는다. 그냥 협박한다. 협박은 대학에 가서도 계속된다. 부모가 아니더라도 주변에서 계속 겁을 준다. "영어를 잘 해야 글로벌 시대에 살아남을 수 있다." "스펙을 쌓아야 좋은 기업에 들어갈 수 있다." "해외 연수 경력이 없으면 낙오된다." 사회에 진출해서도 상황은 달라지지 않는다. "지금 결혼하지 않으면 좋은 사람은 못 만난다." "당장 집을 사지 않으면 내 집 장만은 물 건너간다." "이번에 진급하지 않으면 너는 낙오자다."

하지만 집을 사지 않아도, 원하는 직장에 들어가지 못해도 얼마든지 살 수 있다. 또 살 수 있어야 건강한 인생이다. 인생에는 또 다른 길이 있다. 그렇지만 사람들은 다른 길은 불행한 길이라고 협박한다. 그래서 모든 사람이 한 줄로 몰려든다. 자본주의의 속성은 이런 불안과 공포를 십분 잘 활용한다. "이 화장품을 쓰지 않으면 피부가 망가진다." "이 차를 사지 않으면 멋을 모르는 사람이다." "성형수술은 현대인에게 필수다." 공포 마케팅에 사람들은 잘 넘어간다. 어려서부터 길이 잘 든 때문이다. 이런 실체가 없는 불안과 공포에 넘어지지 않으려면 어떻게 해야 할까?

우선 두려워하는 대상에 자신을 '노출'시킨다. 불안에 노출되어도 죽지 않는다, 미치지 않는다, 이상해지지 않는다는 것을 직접 경험하는 것이다. 겁에 질려 있던 대상이나 상황에 대한 '생각의 전환'이 불안장애의 치료 방법이다. 사회에서 우리를 몰아세우는 불안과 공포에 대한 치료도 마찬가지다. 결국은 '노출'과 '생각의 전환'

이다. 회피는 금물이다. 내가 두려워하고, 불안해하는 대상과 상황에 나를 '노출'시키고, 그럼에도 불구하고 아무 일도 일어나지 않는다는 것을 생생히 경험해야 한다. 이러한 경험을 통해 내가 충분히 감당할 수 있다고 느껴야 불안장애를 치유할 수 있다.

나아지는 연습 7 [불안 광고하기]

불안이 심할 때는 '불안하다'고 광고하자. "앞에 서니까 많이 떨리네요"는 자신의 생리 상태와 일치하는 말이다. 거짓말을 하면 더 떨린다. 떨리는데 안 떨리는 척하면 점점 불안이 증폭된다. 반대로 자꾸 떨린다, 불안하다고 말하면 몸과 마음이 일치되는 것 같아서 몸이 더 크게 반응하지 않는다. 불안하다는 것을 말하고 그럼에도 아무 일도 벌어지지 않았다는 것을 경험하면, 웬만한 불안은 지나간다.

"마감 전날엔 가슴이 두근거리고 답답해요"
_조급성 나아지기

"마감 전에 일을 끝내지 못할까 봐 늘 전전긍긍해요. 팀원들은 내가 조급하게 굴어서 오히려 더 불안하다고 해요. 하지만 미리 해놓지 않으면 걱정이 많아져서 어떻게 할 수가 없어요. 어려서부터 그랬어요. 전날 밤에 책가방을 다 싸놓아야 했고, 소풍 가기 전 날에는 가져갈 짐뿐만 아니라 옷, 양말, 모자까지 순서대로 늘어놓고 나서야 겨우 잠이 왔어요. 그때는 준비성이 좋다고 칭찬받았죠. 그런데 회사에서는 나 혼자 서두른다고 되는 게 아니잖아요. 팀원들과 함께해야 할 일도 많고요. 그럴 때마다 가슴이 두근거리고 답답해요." - 직장인 L

마음닥터 "몸의 브레이크를 밟으세요"

마음의 장기라는 '심장(心臟)'의 말 자체가 의미하는 듯 심장은 마음의 변화, 즉 정신 상태와 밀접한 관련이 있다. 고대로부터 마음은 심장에 존재한다고 여겼다. 한방약인 '구심(求心)'이라는 약물은 심장을 구하는 약이라는 이름이지만 실제로는 마음의 불안을 다

스리는 약이다.

마음이 조급해지면 가슴이 벌렁거리고 얼굴이 달아오른다. 이런 자율신경계 반응은 심혈관계 반응과 직접적인 관련이 있다. 심장을 중심으로 하는 순환기 계통은 스트레스의 영향을 확실하게 받는다. 조급해하는 것은 심장을 조이고 생명을 단축하는 행위다. 자동차에는 달려 나가는 액셀러레이터도 필요하지만 멈출 수 있는 브레이크도 없어서는 안 된다. 조급한 내 인생의 브레이크는 어떻게 밟아야 할까. 조급한 마음이 자율신경계의 액셀러레이터인 교감신경을 올리면 몸의 브레이크인 부교감신경을 올려야 한다. 몸의 브레이크를 밟는 방법에는 천천히 쉬기, 복식호흡, 요가, 운동, 목욕, 마사지 등이 있다.

마음이 조급한 사람은 자신이 'A형 성격' 유형인지 살펴봐야 한다. "목표를 향해서 항상 최선을 다하겠다는 자세가 확실하다. 경쟁심이 강하다. 야심적이다. 언제나 시간에 쫓긴다. 가속도적인 생각과 행동을 한다. 과민하다. 공격적이고 적대심이 강하다." 이런 특징을 가진 A형 성품의 사람들은 그렇지 않은 사람들보다 심근경색이나 협심증이 나타날 확률이 두 배 이상 높다. 심장에 영양을 공급해주는 혈관인 관상동맥에 피가 잘 통하지 않아서 생기는 협심증이나 심근경색과 같은 관상동맥질환은 심리적인 것에 영향을 많이 받는다.

우리나라는 '빨리 빨리' 문화에 젖어 있어서 서두르고 남들보다 늦어질까 봐 전전긍긍하는 사람이 많다. 성격이 조급한 사람들은 직장에서 벌어지는 일상 스트레스에 더 과민하게 반응하고, 자율신경계가 예민하게 반응해 교감신경계가 항진되면서 심장 질환이 생길 수 있다. 이런 악순환의 고리에서 어떻게 빠져 나올 수 있을까? 이 같은 성향은 액셀러레이터는 쉽게 밟지만 브레이크를 밟는 데는 서툴다. 따라서 의식적으로 브레이크를 밟아 폭주하는 자신을 멈춰 세워야 한다.

나아지는 연습 8 [브레이크 밟기]

몸에 여유가 생기면 마음도 급해지지 않는다. 서둘러본들 어차피 당신이 할 수 있는 일의 양은 제한되어 있다. 양보다 질이 중요할 수 있다. 몸에 여유가 생기면 일도 훨씬 더 잘할 수 있다. 다음은 몸의 속도조절을 위한 유용한 팁들이다.

· 평소보다 두 배 이상 천천히 밥을 먹는다.

· 서두르지 말고 다음 엘리베이터를 기다린다.

· 이메일이나 SNS 답변은 조금 늦게 한다.

· 하루의 일정을 묵상한 다음에 컴퓨터를 켠다.

"머릿속에 나쁜 생각이 떠나지 않아요"
_부정적인 생각 나아지기

"연말까지 바빠서 생각할 겨를조차 없었습니다. 바쁜 일 지나고 회사가 천천히 돌아가면서부터 생각이 많아졌어요. 특별한 생각은 아니고 그야말로 이런저런 생각이 꼬리에 꼬리를 뭅니다. 지나간 일들, 앞으로 닥칠 것 같은 일들, 회사 사람들…… 생각이 많아서인지 두통까지 생긴 것 같아요. 특히 부정적인 생각을 많이 합니다. 부서장이 나를 싫어하면 어쩌지, 이번에도 실적이 나오지 않으면 어쩌지, 동료들과 어울리지 못하면 어쩌지, 이러다가 회사에서 밀려나면 어쩌지, 아이들은 아직 어린데 돈을 못 벌게 되면 어쩌지……. 안 좋은 생각이 머릿속을 떠나지 않습니다." - 직장인 N

마음닥터 "생각의 채널을 돌리세요"

동물과 달리 사람은 '생각'을 한다. 생각 덕분에 많은 일을 이룬다. 하지만 생각의 노예로 사는 사람도 있다. 특히 부정적인 생각 때문에 힘들어하는 사람이 아주 많다. 힘든 일을 겪고 나면 공포, 우울증, 분노, 좌절감이나 자기 연민 같은 감정이 들 수 있다. 감정은 자연스러운 반응이다. 부정적인 감정이 드는 것은 문제가 아니다. 문제는 그 이후에 이어지는 부정적인 생각이다. 이미 벌어진 일로 인한 감정과 그것으로부터 이어지는 생각을 구분할 수 있어야 한다. 누구든 살면서 안 좋은 일을 겪을 수 있다. 그런 불행한 일을 겪은 뒤의 반응은 사람마다 다르다. 생난리를 치는 사람이 있는가 하면, 별 문제 없이 넘기는 사람도 있다. 때로는 반응 자체가 병적으로 나타날 수도 있다. 힘든 일을 당하고 나서 부정적인 감정이 들 수 있다. 회사에서 전심을 다해 준비한 프로젝트가 엎어질 수 있다. 허탈하고 허무하고 우울해질 수 있다. 놓아버리고 싶을 수 있다. 그러나 거기까지다. 감정을 넘어 행동으로 번지면 더 힘들어진다. 원하지 않던 불행한 일을 당했을 때 상실감이 들거나 슬픈 감정이 밀려들더라도 감정 자체로 멈추어야 한다.

환경은 바꿀 수 없지만 생각은 얼마든지 바꿀 수 있다. 생각은 리모컨이다. 다른 버튼을 누르면 다른 방송이 나오듯 얼마든지 다르게 생각할 수 있다. 홈쇼핑이나 뉴스만 아니라 드라마나 영화, 교양 프로그램도 보듯이 부정적인 생각이 밀려들 때는 리모컨으로 생각의 채널을 바꿔보자.

나아지는 연습 9 [채널 바꾸기]

실직이든, 이혼이든, 상실이든 살면서 겪는 안 좋은 일은 유쾌한 일이 아니다. 당연히 힘들고 어렵고 불편하다. 그러나 불행한 일이 불행하게 만드는 것이 아니라, 이후에 이어지는 불행한 생각이 진짜 불행하게 한다. 지금 당신이 '부정' 채널에 빠져 있는 것은 아닌지, 먼저 확인해야 한다.

<부정 채널>
· 정말 이 사람은 끝날 것 같지가 않다.
· 내가 정말 무엇을 잘 못했나.
· 정말 이 인간은 나를 모욕하는구나.

<부정 채널을 계속 본 결과>
· 부글부글 감정이 끓어오른다.
· 참다가 집에 가면서 폭음을 한다.
· 도저히 못 견디겠다고 사표를 쓴다.

<생각을 다른 채널로 돌리기>
· 이 순간은 지나갈 거야.
· 이 사람은 자신의 상황 때문에 힘들어서 이러는 거야
· 이 상황에서 내가 화가 나는 것은 당연해. 그렇지만 같이 화를 낼 수는 없잖아?

<채널을 바꾼 결과>
· 진상 고객의 이야기를 끝까지 들을 수 있다.
· 차분하게 진상 고객에게 앉으시라고 할 수 있다.
· 문제가 해결되지 않을 때는 상급자에게 도움을 구할 수 있다.

오감으로 나아지는 연습

—

스트레스 상황에 처했을 때 나를 편안하게 하는 법을 알아두자. 힘든 일을 겪었을 때 스스로 마음의 평화를 찾는 법을 활용한다면 몸도 안정이 되고, 또 편안한 상태에서 해결책을 찾을 수 있다. 오감을 활용한 방법은 스트레스를 완화시키는 비상약이다.

1. 후각

후각은 기억을 유발해내는 강한 감각이다. 후각은 아주 특별한 감정을 가져온다. 당신을 즐겁게 해주는 향을 찾아보자.

· 좋은 향의 오일, 향수 혹은 미스트를 뿌려본다.

· 고소한 향이 나는 빵집이나 맛있는 음식 냄새가 나는 레스토랑에 가본다.

· 커피 향기가 가득한 카페에 들른다.

· 향기 좋은 꽃다발을 사서 꽃냄새를 맡아본다.

2. 시각

뇌는 시각의 영향을 가장 많이 받는다. 당신이 좋아하는 장면을 찾아내는 것이 중요하다.

· 마음에 드는 사진을 가지고 다니거나 스마트폰, 컴퓨터 배경화면으로 저장한다.

· 보기만 해도 위안이 되는 곳을 자주 방문한다.

· 서점에서 화보를 보면서 자신이 좋아하는 장면을 찾아본다.

· 기분 좋아지는 장소에 자주 가본다.

3. 청각

음악은 기대 이상의 치유효과가 있다. 꼭 음악이 아니라도 위안이 되는 소리 목록을 자주 들어도 좋다.

· 마음을 편하게 해주는 음악을 자주 듣는다.

· 좋아하는 라디오 프로그램을 찾아서 듣는다.

· 집이나 사무실 창문을 열고 밖에서 나는 자연의 소리를 듣는다.

4. 미각

미각도 기억과 관련되는 감각이다. 과거의 기억이나 특별한 감정을 떠올리게 할 수 있다.

· 좋아하는 음식을 천천히 음미하면서 먹는다.

· 사탕, 껌, 초콜릿 같은 단것을 마음이 힘들 때마다 먹는다.

· 차, 커피, 같은 음료를 천천히 음미하면서 마신다.

5. 촉각

다른 감각에 비해서 잘 인식하지 못하지만 의외로 심신을 편안하게 해주는 효과가 있다.

· 적당히 뜨거운 물이나 차가운 물로 샤워를 하면서 물이 피부에 떨어지는 것을 느껴본다.

· 거품 목욕이나 향이 좋은 오일 목욕을 하면 좋다.

· 편안한 옷, 낡은 티셔츠, 헐렁한 바지, 잠옷 같은 것을 입는다.

5장

퇴근 후 마음처방전 3
- 전심으로 살아가기 · Commitment -

일주일 전, 헤드헌터와 비밀리에 만난 후 고민이 깊어졌다. 헤드헌터에게 제의받은 곳은 누구나 아는 대기업. 높은 연봉과 복지수준도 수준급이어서 지금 다니고 있는 회사와는 여러모로 비교가 될 수밖에. 단 하나 마음에 걸리는 것은 나의 일이다. 지금하고 있는 일과는 다른 분야라 나와 잘 맞을지 확신이 안 선다. 지금 다니는 직장은 조건이 좀 떨어져도 일만큼은 비전도 있고, 재미도 있다. 일과 조건 중에서 무엇을 우선해야 할까. 내가 중요하게 생각하는 게 뭔지 정리도 안 되고. 며칠 안에 결정을 해야 하는데 고민이다.

전심을 다해 살아간다는 것은 무엇일까?
그럼에도 불구하고
꿋꿋하게 살아가는 삶이다.
일과 직장, 대인관계 등
주변 상황이 좋지 않음에도
나만의 가치 있는 삶을 향해
걸어가는 것이다.

"출근하면 머리가 아프고 어깨가 뻐근해요"
_내 몸 아끼면서 살아가기

"일을 하다보면 머리가 아프고 어깨가 뻑적지근합니다. 특히 오후에는 뒷머리가 몹시 아파요. 병원에 가서 엑스레이를 찍어보고 몇 가지 검사도 해봤지만 특별한 이상은 없다고 합니다. 평소에는 괜찮은데 출근만 하면 아프네요. 업무 특성상 항상 주의를 기울여야하고, 실수를 하면 산업재해로 이어질 수 있어 조심하지만 일은 힘들지 않습니다. 스트레스를 많이 받는 스타일은 아니라고 생각했는데…… 이게 스트레스 때문일까요?" - 직장인 P

마음닥터 "자신의 몸을 즐겁게 하세요"

항상 긴장하고 어깨가 아프다는 직장인이 많다. 정신적으로는 스트레스를 받지 않는다고 하지만 몸은 못 속인다. 알고 보면 근육이 이미 심하게 긴장했을 것이다. 스트레스를 받으면 머리로는 인식하지 못해도 몸이 먼저 알아차린다. 근육 긴장은 교감신경 항진증상 가운데 대표적인 증상이다.

정신 건강의 중요성을 강조하다보니 스트레스 관리도 마음이 중요하다는 말을 많이 한다. 긍정적으로 생각하라, 문제에 압도되지 말라, 현재를 수용하라고들 조언한다. 물론 마음가짐도 중요하다. 하지만 스트레스 관리에서 몸을 잘 다루는 것, 몸을 잘 위해주는 것 역시 중요하다. 대개 마음만 강조하다보니 의외로 많은 사람들이 자기 몸을 기쁘게 하는 방법을 잘 모른다. 오랜 시간 자기 몸과 함께 살아왔는데도 언제 어떨 때 몸이 즐거워하는지를 많이들 모른다. "스트레스를 해소하려면 몸이 기뻐하는 일을 하세요." 이런 말을 들으면 대개 당황해한다.

스트레스가 극심해 마음이 움직이지 않을 때, 적어도 몸은 움직일 수 있다. 비록 아무것도 하고 싶지 않더라도 몸을 움직이면 한결 기분이 나아지는 경험이 있을 거다. 이때 핵심은 아무 생각 없이 움직이는 것이 아니라 몸을 기쁘게 하는 방향으로 움직이는 것이다. 우울할 때 10분만 걸어보면 확실히 알게 될 거다. 몸과 마음은 한 덩어리다. 마음은 다르게 먹기 어렵지만 몸을 변화시키면 마음의 변화가 한결 쉬워진다. 이렇게 몸을 움직이다보면 마음에도 변화가 일어나기 시작한다.

힘들고 지쳤을 때는 몸을 움직이기도 쉽지 않다. 그런 상황에서는 내 몸이 좋아하는 것이 무엇인지, 어떨 때 즐거워하는지를 관찰할 의지도 없다. 물론 몸도 반응하지 않는다. 그래서 평소 비교적 건강할 때 자기 몸의 반응을 알아두면 좋다. 어떤 상황에서 몸이 깨어나는지, 그리고 어떨 때 몸이 기뻐하는지를 알면, 스트레스를 받았을 때 그 쾌적함을 찾아서 몸을 움직일 수 있다.

한두 가지 방법으로는 효과가 불확실할 수 있으니, 내 몸의 포트폴리오를 많이 확보해두는 것이 좋다. 평상시 자기 몸의 즐거움을 위한 방법들을 메모해두고 스트레스에 지쳤을 때, 그것을 실행해본다. '음미와 감상'의 시간을 통해서 내 몸이 기뻐하는 것을 찬찬히 느낄 수 있다. 예를 들어 맛있는 음식을 하나하나 감상하듯이 먹을 수 있다. 식감은 어떤지, 혀에 착착 붙는지, 씹는 맛은 어떤지, 입 안에 가득한 향기는 어떤지 등 자칫 사소해 보이는 것도 음미하고 감상하면서 만끽한다면 얼마든지 몸을 기쁘게 할 수 있다. 산책할 때도 발바닥에 닿는 땅의 느낌, 코끝을 스치는 향기, 바람에 살랑대는 나뭇가지, 상쾌한 공기 등 최대한 감각에 집중해보자.

일상에서 이루어지는 자신의 행동들을 음미하면서 몸이 기뻐하는 것을 기억한다면 자기만의 몸의 역사를 만들 수 있다. 힘들고 지쳤을 때 그 목록 중 하나를 활용해서 몸을 기쁘게 해본다면, 몸을 통한 스트레스 관리는 확실히 효과적일 것이다.

전심으로 살아가는 연습 1 [몸 챙기기]

스트레스가 많아서 아무것도 할 수가 없다. 마음이 떨리고 분하고 속상하다. 이럴 때는 마음을 다잡고 생각을 정리하는 게 쉽지 않다. 그렇다면 아무것도 하지 말고 내 몸을 챙기자. 내 몸이 기뻐하는 것에 집중해보자.

· 맛있는 음식을 음미하며 천천히 먹는다.

· 발바닥의 느낌, 상쾌한 공기, 바람결을 느끼면서 걷는다.

· 샤워를 하고 난 후의 상쾌함을 즐긴다.

"짜증나게 하는 동료가 있어요"
_더불어 살아가기

"생각만 해도 짜증이 나는 동료가 있어요. 능력도 없어요. 항상 그 친구가 걸림돌이에요. 팀 프로젝트도 그 친구 때문에 진도가 안 나가요. 무슨 생각을 하고 사는지 모르겠어요. 한 번 들으면 알 수 있는 간단한 내용도 자꾸 물어봐요. 동기인 나한테 물어보는 것은 간신히 참아주겠는데 한참 후배에게 물어볼 때는 내가 부끄러워서 못 견디겠어요. 내가 따끔하게 조언도 해봤고 술 한 잔 하면서 좋게 이야기해봤지만 전혀 달라지지 않네요. 능력이 없으면 그만두든지, 악착같이 붙어 있으면서 민폐를 끼치네요." - 직장인 Y

마음닥터 "사람이 행복입니다"

세상에는 산도 있고 골짜기도 있다. 산에서 흘러내린 물이 골짜기를 채운다. 사는 원리도 마찬가지다. 주변을 둘러보면 다양한 사람이 존재한다. 리더십이 강한 사람도 있고, 추진력이 뛰어난 사람도 있으며, 배려심이 깊은 사람도 있지만 상대적으로 부족한 사람도 있다. 당장은 무능한 동료 때문에 자신이 손해를 보는 것 같겠지만 지금 자신의 능력을 동료를 위해 사용하는 것도 나에게 도움이 된다. 두 사람이 좋은 관계를 맺고 지내는 것이 직장생활을 더 충만하고 의미 있게 만들어줄 수 있기 때문이다.

하버드대 심리학과 조지 베일런트 교수가 이끄는 '하버드 성인 발달 프로젝트'는 동일 인물을 72년 이상 추적, 관찰한 연구다. 이 연구에서 1930년대 후반 하버드대학교 법학대학원에 입학한 268명을 대상으로 그들이 평생 어떻게 살아가는지를 심리·행동 측면에서 지속적으로 관찰, 어떤 사람이 노후에 행복하게 잘사는지를 알아보았다. 연구 대상자 중에는 존 F. 케네디 대통령도 있었다. 연구 결과를 살펴보면 명문대의 법학대학원에 입학한 인재였지만 그들이 모두 노후에 행복하고 충만한 삶을 누린 것은 아니다. 크게 성공한 사람도 있었지만 요절하거나 마약에 중독되는 등 불행하게 살다간 사람들도 있었다. 이런 결과를 바탕으로 어떤 사람들이 훗날 행복하게 잘 사는지를 파악해봤다.

무려 70년이 넘게 진행된 연구가 무색할 정도로 결론은 단순했다. 행복을 결정하는 주요한 요인은 7가지인데, 그중 5가지 이상을 갖춘 사람은 50퍼센트 이상이 80세가 넘어서도 행복하게 잘 살았고, 단지 7.5퍼센트만이 아프고 불행하게 살았다. 7가지 요인 중에서 3개 이하를 가진 사람은 80세 이후에 행복하고 건강한 사람이 아무도 없었고, 80세 이전에 사망 확률이 세 배 이상 높았다.

7가지 요인은 매우 간단하다. 그중 4가지가 건강과 관련 있다. 첫째가 금연이다. 담배를 절대 피우지 않는 것은 건강에 매우 중요한 요소다. 흡연자는 비흡연자보다 수명이 7년 이상 짧았다. 둘째는 폭음하지 않는 절주다. 셋째는 운동이다. 적당한 운동은 행복하고 잘사는 지름길의 하나다. 넷째는 건강한 체중 유지다.

다섯째는 안정된 결혼 생활, 여섯째는 교육이다. 정규교육 과정에 머무르지 않고 끊임없이 배우고 익히는 것이 행복한 삶에 도움이 된다. 마지막 요소는 성숙한 적응이다. 특히 대인관계에 성숙하게 적응해나가는 것은 매우 중요하다. 이처럼 행복에 이르는 방법은 생각보다 간단하지만 그것을 해내는 사람은 드물다.

이 연구의 또 다른 중요한 결론은 지능이나 사회적인 지위 같은 소위 외형적 성공이 노후의 행복을 결정짓는 데 아무런 영향을 끼치지 못했다는 것이다. 행복과 가장 밀접한 것은 인간관계였다. 특히 47세 즈음의 인간관계가 노후의 삶에 결정적 영향을 미쳤다. 다른 어떤 자산보다 사람을 만나고 친밀한 관계를 유지하는 것이 돈을 더 벌고 성공하고 출세하고 유명해지는 것보다 훨씬 더 중요하다. 다시 말해 지금 주변에 있는 사람들이 나의 행복을 만들어주는 보물이라는 뜻이다.

전심으로 살아가는 연습 2 [관계 맺기]

스트레스를 해결하는 가장 좋은 방법은 배우자, 애인, 친구, 가족, 동료와 따듯하고 믿음직스러운 관계를 유지하는 것이다. 행복한 사람은 다른 사람과 함께 보내는 시간이 많으며 사회적 관계를 잘 유지한다.

· 원만한 직장생활을 위해서는 나와 동료가 연결된 관계라는 것을 잊지 않아야 한다.

· 직장에서 사람들에게 친절하게 대하는 것이 내게도 좋은 일이다.

· 한 명의 동료와도 잘 지낼 수 있다면 그 자체로 직장을 다니는 의미가 될 수 있다.

"큰 회사로 옮기고 싶어요"
_자기다움으로 살아가기

"중소기업에서 일합니다. 회사는 안정적인 편입니다. 경기를 타지 않는 업종이어서 크게 부침이 없습니다. 그런데 이름이 알려지지 않은 회사인 탓에 친구들이나 친척들에게 소개할 때 낯이 서지 않습니다. 간혹 대기업에서 중견 사원 공채를 한다는데 그리로 옮길까 고민됩니다. 그것만 빼면 다른 어려움은 없습니다. 그래도 이름만 대면 누구나 아는 대기업에서 일해보고 싶기도 합니다."

– 직장인 M

마음닥터 "회사가 당신은 아니에요"

M은 실속보다 명예를 중요하게 여기는 것 같다. 중요한 것은 그 이름이 왜 나에게 필요한가이다. 삼성이나 현대에 다닌다고 해서 내가 삼성이 되고 현대가 되는 것은 아니다. 나는 어떤 사람인가라고 할 때 어느 회사에 다니는지는 중요하지 않다. 성격은 어떠한지, 사람들과 어떻게 지내는지, 어떤 음식을 좋아하고 어떤 장소를 좋아하는지 등 나란 사람을 나타내는 데는 이런 것들이 더 중요하다. 그

러니 어떤 회사에 다니느냐보다 어떤 사람인지를 만들어가는 데 열과 성을 다하는 것이 옳지 않을까.

많은 사람이 명품을 좋아한다. 부유함의 상징인 명품 브랜드를 소유함으로써 마치 그 브랜드를 사용하는 상류층이 된 것 같은 착각을 한다. 브랜드는 강력한 인식이나 신념이 될 정도로 이미지가 강렬해야 한다. BMW는 비행기 엔진으로 만든 자동차로 하늘을 나는 것 같은 이미지를 가지고 있다. 할리데이비슨은 심장박동 소리와 같은 배기음을 내는 야생마 같은 이미지를 가지고 있다. 이미지를 사람에 적용하면 사람도 브랜드가 된다. 스티브 잡스는 이미 대단한 브랜드다. 브랜드는 이미지이고 곧 문화다. 나의 브랜드는 무엇인가? 나는 어떤 사람인가? 중요한 것은 '나다움'이 있어야 한다는 것이다.

우리나라 사람들은 남의 눈치를 많이 본다. 남들처럼 되고 싶어 하는 사람이 많다. 남다르게 태어났는데도 남들과 비슷하게 살고 싶어 한다. 남들처럼 공부를 하고 싶고, 남들처럼 옷 입고 싶고, 남들처럼 큰 아파트에 살고 싶고, 남들처럼 외제차를 타고 싶고, 남들처럼 대기업에 들어가고 싶어 한다. 남들처럼 사는 삶이 가장 성공적인 삶이라고 생각한다. 자기만의 유일한 가치인 아이덴티티는 포기한 채 말이다.

인간에게 가장 중요한 것은 아이덴티티, 즉 개별성의 가치다. 자신의 존재가치를 놓치면 살아야 하는 이유를 알 수 없다. 살아야 할 가치를 모르니 인생의 고비마다 힘이 들면 좌절하고 포기해버린다. 무엇보다 나는 '나'다워야 한다. 그것이 휴먼 브랜드다. 훌륭한 휴먼 브랜드는 자신의 존재가치에 맞게 자신을 만들어가는 것이다. '나'답게 생각하고 '나'답게 판단하고 '나'답게 행동한다. 그것이 쌓여서 세상에 하나밖에 없는 나만의 브랜드가 완성된다. 다른 사람과 같을 필요는 없다. 오히려 나만의 오리지널리티(originality)로 세상에 서야 한다. 나는 절대 유일한 존재다. 다른 사람이 더 유명하고 더 성공한 것 같아 보여도 '나'라는 브랜드는 세상에 오직 하나밖에 없다.

전심으로 살아가는 연습 3 [나답게 행동하기]

나답게 살아가려면 우선 내가 뭘 좋아하는지 알아야 한다. 다음의 질문에 답해보면서 나를 나답게 만들어보자.

· 오직 나만 중요하게 여기는 것은?

_____

· 최근에 나는 어디에 몰두해 있었는가?

_____

· 내가 다른 사람과 다르게 생각하는 것은?

_____

· 돈을 안 받고도 하고 싶은 일은 무엇인가?

_____

"왜 내가 궂은일을 도맡아야 하나요?"
- 긍정으로 살아가기

"열심히 일했어요. 긍정적으로 솔선수범하면서 동료들이 꺼리는 일도 도맡아했어요. 처음에는 성과도 나고, 내가 항상 웃으면서 일을 해결해주니까 다른 직원들과 관계도 좋고 윗분들도 귀여워해주셨어요. 그런데 시간이 갈수록 점점 힘들어져요. 언제부터인가 어려운 일은 다 내 차지가 되었어요. 이제는 사람들이 고마워하지도 않고 내가 힘든 일을 하는 것을 당연하게 여기는 것 같아요. 오히려 내가 일을 안 하면 책망하기까지 해요. 좋은 것이 좋은 것이라고 긍정적으로 생각하고 싶지만 솔직히 힘들어요." - 직장인 S

마음닥터 "현실을 외면한 꿈은, 꿈일 뿐이에요"

행복 전도사로서 사람들에게 꿈과 희망을 안겨주던 사람이 암성 통증에 시달리다 자살로 생을 마친 안타까운 일이 있었다. 그 소식을 보도하는 기사의 제목이 이랬다. '긍정의 힘도 고통을 이기지는 못했다.' 행복과 긍정을 강조하던 사람의 자살 소식은 생각보다 파급효과가 컸다. 그런데 정말 긍정의 힘으로 고통과 고난을 견뎌낼 수 없는 것일까?

스톡데일 패러독스(Stockdale Paradox)는 미국 해군 장성 제임스 스톡데일(James Stockdale)의 이름에서 따왔다. 그는 베트남 전쟁에 참전했다가 1965년부터 1973년까지 하노이의 포로수용소에 감금되어 온갖 고초를 겪었다. 훗날 국민의 존경을 받으며 1992년 미국 부통령 후보로 나왔을 때, 그는 한 인터뷰에서 수용소에서 겪은 일을 이렇게 회고했다. "나는 비참한 현실이 언젠가는 끝날 것이라고 확고하게 믿었습니다. 나는 결국 수용소를 나가게 될 것이고, 이 경험이 내 인생에 중요한 자산이 될 것이라고 믿었습니다." 자신과 달리 처참하고도 암담한 상황에서 빠져나오지 못한 사람들에 관해 스톡데일은 이렇게 토로했다. "그들은 단순한 낙관주의자였습니다. '이번 크리스마스에는 풀려나겠지'라고 생각했다가 막상 크리스마스에도 석방 소식이 들리지 않으면 크게 실망했고, 그러면 '다음 부활절에는 풀려나겠지'라고 기대했다가 또 안 되면, '다음 추수감사절까지는 되겠지'…… 이런 근거 없는 낙관적 기대를 반복하면서 그들은 비통함 속에서 삶을 마무리했습니다."

그는 수용소에서 만난 낙관주의자들이 아무런 근거 없이 자기 자신과 주위 사람들에게 희망을 불어넣고 기대하다가 실제로 좌절되면 심하게 상심했다고 했다. 놀랍게도 지옥 같은 수용소에서 살아남은 사람들은 지독한 현실주의자들이었다.

'스톡데일 패러독스'는 낙관주의자가 살아남지 못했음을 강조하면서 모순을 뜻하는 '패러독스'라고 표현한 말이다. 그런데 현실주의자가 살아남은 게 정말 모순일까? 엄연하게 이것은 패러독스가 아니다. 긍정이란 어떠한 상황도 받아들이는 수용적 태도이다. 즉 좋은 일만 일어날 거라고 기대하는 것이 아니라, 모든 역경을 견뎌내고 결국에는 성공하리라는 강한 믿음과 함께 냉엄한 현실도 외면하지 않고 직시하는 것, 이 두 가지를 동시에 포함한다.

아우슈비츠 수용소에서 기적처럼 살아남아 《죽음의 포로수용소에서》라는 명저를 남긴 빅터 프랭클의 말처럼 인간 존재의 깊은 의미에 대한 통찰을 간직한 채 긍정과 낙관을 품는 것이 진짜 긍정이다. 그리고 진정한 긍정주의자는 원하는 결과가 일어나도록 노력하지만 설사 원하는 대로 나아가지 않는다 하더라도 삶을 끝까지 놓지 않는다.

전심으로 살아가는 연습 4 [행동으로 긍정하기]

비관주의자는 남 탓, 내 탓을 한다. 예를 들어 똥밭에 빠졌을 때, 비관주의자는 어떤 인간이 여기다 똥을 뿌렸냐 하며 남을 욕하거나 미처 똥밭을 발견하지 못했던 자신을 탓한다. 그렇다면 진짜 긍정주의자는 어떻게 할까? 삽을 들고 똥을 퍼내는 것이다. 말만 하는 것, 생각만 하는 것도 가짜다. 행동하는 긍정주의자만이 진짜 긍정으로 살아간다.

· 내 인생에서 삽질해서 퍼내야 할 것은 무엇인가?

· 삽을 들고 그것을 퍼낼 수 있는 만큼 퍼내자. 다 못 퍼내어도 좋다.

· 생각만으로는 결코 없어지지 않는다. 행동하는 하는 긍정이 진짜 긍정이다.

"열심히 일하느라 가족과는 멀어졌어요"
_가치 있게 살아가기

"회사에 청춘을 바쳐서 일했습니다. 정시에 퇴근한 적이 없어요. 저녁을 먹고 다시 사무실로 들어와서 일을 했고, 주중·주말이 따로 없었습니다. 자정을 넘긴 날도 부지기수예요. 일한 것에 대해서는 후회가 없습니다. 좋아서 한 일이니까요. 주변에서는 저를 이상하게 바라봤지만 저는 보람을 느꼈고, 처음에는 저처럼 열심히 하지 않는 아래 직원들이 얄밉기도 했습니다. 그런데 집에서 문제가 생겼습니다. 사실 아내와 아이들에게는 항상 미안했어요. 가족을 거의 챙기지 못했으니까요. 애들과 놀이동산 가자는 약속을 수도 없이 어겼고, 심지어 졸업식도 가보지 못했습니다. 아내한테 늘 고마웠죠. 제가 다른 신경 안 쓰고 일할 수 있게 해주었거든요. 그런데 다 자란 아이들이 이제는 저를 남 보듯이 합니다. 어쩌다 같이 있게 되면 데면데면하고, 아이들이 먼저 자리를 피해버립니다. 애들 잘 키워보겠다고 누구보다 열심히 일한 거잖아요. 험한 세상에서 제대로 밥 먹고 옷 입고 등록금 내고 사는 게 어디 쉬운 일입니까? 섭섭합니다. 아내도 이제는 노골적으로 싫은 티를 냅니다. 지금까지 나는 대체 뭘 한 건가요?" - 직장인 H

마음닥터 "당신의 핵심 가치는 무엇인가요"

H는 진짜 열심히 살았다. 그런데 한 가지 놓친 것이 있다. 바로 '삶의 가치'다. H가 우선적으로 여긴 가치가 회사나 일이었는지 가족이었는지 잘 모르겠다. 두 마리 토끼를 다 잡기는 어렵다. 확실히 하나만 잡든지, 아니면 둘 다 어느 정도만 하든지 선택을 해야 한다. H가 회사나 일에 가치를 두고 살아서 지금 후회한다면? 반대로 가족을 위해 살면서 일에 덜 신경 썼다면 그때는 후회하지 않을까? 회사에 가치를 둔다면 목숨 걸고 일하면서 가족과 멀어져도 일을 고수하는 사람도 있다. 하지만 가족이 우선적인 가치라면 그 가치를 지켜야 후회하지 않는다. 일이냐 가정이냐를 선택하는 것이 아니라 내가 어디에 가치를 두느냐이다.

심리학에서는 가치를 '인생에 대해 바라는 총체적인 결과물을 언어적으로 추론해놓은 것'으로 정의한다. 가치는 평생에 걸쳐서 그 사람이 하는 행동의 균형을 잡아주고 방향성을 마련해준다. 최근 기업들은 가치의 중요성을 파악해서 그것을 잘 활용한다. GE의 기업 가치는 '호기심, 열정, 대처 능력, 책임감, 팀워크, 소명의식, 열린 사고, 활력'이다. IBM은 '고객에 대한 헌신, 끊임없는 혁신, 신뢰와 책임'을, 삼성은 '인재 제일, 최고 지향, 변화 선도, 정도 경영, 상생 추구'를 핵심 가치로 정했다. 경영이 핵심 가치대로 이루어지지는 않겠지만 대체로 가치를 정하고 그 가치를 구현하기 위해 애쓰는 과정에서 기업이 지향하는 방향이 정해진다.

마찬가지로 사람도 어떤 가치를 추구하느냐에 따라 다른 삶을 살게 된다. 자기만의 가치를 정하고 그 가치대로 사는 사람과 그렇지 않은 사람은 차이가 매우 크다. 아무런 가치 없이 그저 열심히 일만 하다가 스러지기에 삶은 귀하고 또 귀하다. 이제라도 당신이 바라는 가치가 무엇인지를 찾고 그 가치대로 살도록 노력하면 어떨까.

전심으로 살아가는 연습 5 [가치 발견하기]

가치는 삶의 방향이다. 방향 없이 회사만 다니다가 인생을 마칠 수는 없다. 정말로 중요하게 생각하는 것과 어떻게, 어떤 모습으로 살고 싶은지를 정해보자. 다음 중에서 당신이 어떤 가치를 추구하는지 알아보자.

- 결혼과 친밀한 관계 속에서 스스로 맺고 싶은 관계의 유형은?
- 가족 관계 안에서 스스로 원하는 이상적인 모습은?
- 나에게 진정한 친구가 있는가?
- 어떤 분야에서 일하고 싶은가?
- 취미, 여가시간, 운동 등에서 무엇을 하고 싶은가?
- 어떤 가치를 추구하는 공동체와 함께 하고 싶은가?
- 건강한 몸을 위해 라이프스타일을 어떻게 만들어야 하는가?

"가족과 있는 것도 일처럼 느껴져요"
_가족의 힘으로 살아가기

"어린이날이 다가오는 것이 두렵습니다. 평소 아이들과 안 놀아주는 것도 아닌데, 아이들은 날을 꼽아가며 어린이날을 기다립니다. 저도 휴일을 기다립니다. 푹 쉬면서 직장에서 쌓인 피로를 풀고 싶거든요. 하지만 주말이나 휴일이면 어김없이 아이들을 데리고 놀이동산으로 가야 합니다. 차도 막히고, 놀이기구를 타려고 줄을 서서 기다리다보면 금방 파김치가 되고 맙니다. 회사에서도 고생하는데 주말과 쉬는 날조차 일을 하는 것 같아서 내 신세가 처량해집니다. 직장 스트레스에 더해 가족을 위해서도 봉사를 해야 하는 건가요? 아내조차 저를 이해하지 못합니다. 그러다보니 아내와 말다툼이 잦아집니다. 정말 피곤합니다." – 직장인 A

마음닥터 "가족에게는 아낌없이 투자하세요"
휴일이나 주말에 쉬고 싶은 A의 심정을 충분히 이해할 수 있다. 주중에 직장에서 방전된 에너지를 재충전할 시간이 필요하다. 하지만 왜 일을 하는지 돌아보자. 아이들과 아내가 얼마나 귀한 존재인

가. A가 일을 하는 것도 가족과 행복하기 위해서가 아닐까.

행복하게 사는 것에 영향을 주는 환경적인 요인이 여러 가지가 있지만 가장 중요한 것은 아마도 가족과 누리는 행복한 삶일 것이다. 실제로 2005년에 〈타임〉지가 미국인을 대상으로 "당신에게 가장 행복을 안겨다주는 것은 무엇입니까?"라고 물었을 때 자녀 혹은 손자·손녀가 35퍼센트, 가족이 17퍼센트로 다른 어떤 것에 비해 압도적으로 높았다. 또한 "당신에게 행복의 주요한 근원은 무엇입니까?"라는 질문에는 자녀와의 관계가 77퍼센트로 1위를 차지했다. "당신의 기분이 좋아지는 활동은 무엇입니까?"라는 질문에도 가족 혹은 친구와 이야기하는 것이 63퍼센트로 가장 높았다. 반면 가족에 문제가 생기는 것은 행복에 악영향을 끼친다. 한 연구 결과에 따르면, 자신의 수입이 3분의 1 이하로 줄어들었을 때의 스트레스와 힘든 정도를 1로 기준을 삼고 비교할 때 실직이 3, 별거가 4.5였다.

결혼은 해도 후회, 안 해도 후회라고들 하지만 1970년 이후 30년 내내 지속적으로 행해진 모든 연구에서 기혼자가 미혼자보다 행복하다는 결과를 내놓았다. 흔히 결혼하면 남자만 편해지고 행복해질 거라고 생각한다. 하지만 기혼 여성이 미혼자나 별거 혹은 이혼한 여성보다 훨씬 행복하다는 연구 결과가 많다. 가족을 이루고 함께 사는 것이 얼마나 행복에 큰 영향을 미치는지 짐작할 수 있는 자료들이다.

사람은 사회적 관계에서 든든함을 느끼는데 건강한 가족은 사회적 관계의 기본이다. 행복한 사람은 가정생활에 만족하고 배우자

가 멋지다고 생각하며 친구나 상사, 동료들과도 잘 지낼 가능성
이 높다. 그러나 안타깝게도 행복한 가정생활을 제대로 누리고 사
는 사람은 드물다. 행복한 가정을 위해서는 무엇보다도 부부 관계
가 중요한데 요즈음 많은 부부가 불행하게 사는 것이 현실이다. 좋
은 부부 관계는 절대로 저절로 이루어지지 않는다. 아낌없는 투자
가 필요하다. 다행히 투자 비결은 간단하고 누구라도 마음만 먹으
면 할 수 있다.

직장에서 스트레스를 받지 않으려고 노력해도 집에서 무너지면 아
무 소용없다. 가정생활이 행복하고 가족이 화목한 사람은 직장에
서도 잘 살아남을 수 있다. 행복한 가정생활의 핵심은 '대화'를 많
이 하는 것이다. 서로를 신뢰하는 부부는 하루에 한 시간 정도 대화
를 한다고 한다. 사소한 일이라도 서로 이야기를 나누는 것이 중요
하다. 부부가 취미를 함께하는 것도 좋다. 산책, 등산, 요리, 외식 등
무엇이든 함께해보자. 처음에는 쉽지 않겠지만 의지적으로 실천해
보자. 아마 확실히 보상이 따를 것이다.

부부가 서로 살을 맞대고 살다보면 좋은 일도 있지만 나쁜 일도 함
께 겪어야 한다. 힘들다보면 마음에 없는 말을 하게 될 수도 있다.
부정적인 표현을 했다면 해결책은 그것을 상쇄할 수 있을 정도로
긍정적인 표현을 더 많이 해주는 것이다. 한 번 부정적인 말을 했다
면 다섯 번 긍정적인 말로 중화해야 한다.

전심으로 살아가는 연습 6 [마음을 표현하기]

좋은 감정은 구체적으로 표현하자. 우리나라 사람들은 "내 마음 알지?"라는 식으로 얼렁뚱땅 넘기려 하지만 표현하지 않는 마음을 알 수 있는 사람은 어디에도 없다. 행복한 가정생활을 유지하고 싶다면 배우자에게 직접적으로 좋은 감정을 늘 표현해야 한다.

· 포옹이든, 키스든, 감사이든, 존경이든 어떤 식으로든 표현한다.

· 상대방에게 좋은 일이 생겼을 때는 아낌없이 칭찬한다.

· 상대방을 존중하고 가치 있게 여긴다는 것을 느낄 수 있도록 자주 표현한다.

"주말에도 마음 편히 쉬지 못해요"
_덜 하면서 살아가기

"일이 많아서 주말에도 마음 편하게 쉬지 못합니다. 수시로 회사 메일을 확인해야 하고, 밀린 일을 처리하느라 퇴근도 늦습니다. 거의 매일 일거리를 가지고 퇴근을 합니다. 당연히 아내와 아이들은 싫어합니다. 하지만 일을 제때 처리하지 않으면 매우 불안해집니다. 일을 해놓아야 안심이 되고, 제가 한 일이 성공을 거두면 뿌듯하고 보람도 크고요. 하지만 시간이 갈수록 이렇게 사는 것이 맞나 싶은 생각이 듭니다. 그렇다고 일을 안 할 수는 없고, 어차피 할 일이라면 잘하고 싶고요. 정말 고민이 큽니다." - 직장인 B

마음닥터 "일과 삶의 균형을 유지하세요"

우리나라는 일중독이 심한 편이다. 일중독을 독려하는 분위기도 있다. 일을 잘하는 사람을 능력 있다고 칭찬하고, 바쁘면서도 많은 일을 척척 처리하는 사람을 멋있다고 평가한다. 이런 기준에 들지 못하면 실패자, 낙오자로 규정한다.

이렇게 실패하지 않으려고 노력하다보면 보상이 따른다. 뇌에는 행위 중추의 보상회로라는 곳이 있다. 그곳에서 도파민과 같은 신경전달물질을 아주 강력하게 높여준다. 그 맛을 한 번 보면 마치 마약에 중독된 것 같은 기분을 느끼게 된다. 그 사이 자신도 모르게 일중독의 악순환에 빠지게 된다. 하지만 자신의 진정한 욕구와는 상관없이 시작되었기 때문에 아무리 성취를 하고 더 크게 성공하더라도 만족하지 못한다. 더 센 자극을 기대하며 달려가다가는 뇌에서 신경전달물질이 고갈되어 결국 탈진상태에 빠진다. 이렇듯 일중독은 탈진의 예고편인 셈이다.

'일과 가정의 조화' '삶과 일의 균형'은 정치적 구호가 아니라 우리에게 당면한 화두가 되었다. 사람은 한쪽으로 쏠리기 쉽다. 그러니 수단과 방법을 가리지 말고 치우치는 자신을 위한 제어장치를 만들어놓아야 한다. 일중독에 빠지면 효율성과 생산성이 줄어든다는 것을 알게 된 일부 회사에서는 직원들의 일중독 예방 차원에서 '삶과 일 균형 프로젝트'를 시행하기도 하지만 이런 회사는 아주 드물다. 결국 개인이 노력하는 수밖에 없다.

적어도 일주일에 하루는 가족의 날로 정해보자. 무조건 일찍 퇴근해서 가족과 시간을 보내거나 다 같이 즐길 수 있는 오락이나 취미를 함께해보자. 혹은 온전히 나를 위한 시간을 보내자. 칭찬에 목매지 않고 거절하는 용기 키우기, 규칙적으로 운동하면서 자신감 키우기, 자연 속에서 과도하게 흥분된 신경을 가라앉히기 등도 도움이 된다.

우리 사회에는 극심한 경쟁과 차별의식, 반드시 성공하겠다는 거대한 무의식이 지배하고 있다. 남들보다 일을 덜하면 무능력한 사람이라는 생각, 남에게 인정받고 칭찬받는 것이 다른 어떤 가치보다 중요하다는 생각이 팽배하다. 자신이 해낸 것, 업적, 지위만이 소중하다는 생각, 혹은 중요한 인물이 되어서 사회의 중심이 되어야 한다는 생각처럼 무엇인가를 하는(To Do) 상태에서 보다 자유로워져야 한다. 진정 자신이 원하는 것은 무엇이고, 어떤 사람이 되어야 하는지(To Be) 묻고 답하는 상태로 전환될 때, 비로소 일중독에서 자유로워질 수 있다.

이제는 자신의 내면을 들여다보고 진정한 자기 자신과 만나야 한다. 한 발 떨어져서 나 자신을 바라보자.

전심으로 살아가는 연습 7 [그냥 지내보기]

살아가기가 지칠 때가 있다. 직장에서 받은 스트레스로 너무 힘들 때도 있다. 그러면 굳이 무엇을 하려고 애쓸 필요도 없다. 그냥 살아가면 된다. 오히려 이럴 때 평상시에 하기 싫어서 밀어둔 별일 아닌 일들을 하면서 그냥 지내보는 것도 좋다. 별일 아닌 것 같지만 우리가 사는 데 필요한 일이고 또 그런 일을 하면서 살아가는 것이 인생일 수 있다.

· 책, CD, 컴퓨터 주변 잡동사니 정리하기 등
· 오랫동안 연락이 끊긴 친구에게 연락하기
· 인테리어 바꾸기, 집의 한쪽 벽면만이라도 새로 디자인해보기

G·O·L·F로 살아가는 연습

—

지금까지 직무 스트레스를 해결하는 다양한 방법을 알아봤다. 이 방법들을 사용했음에도 불구하고 여전히 스트레스로 힘든 경우가 있다. 그럴 경우에는 일명 'GOLF'를 제안한다. GOLF는 즉, 녹색의 자연(Green), 산소(Oxygen), 햇볕(Light), 친구(Friends)를 의미한다.

Green(녹색의 자연)

율리히는 〈사이언스〉지에 논문을 실어 일약 스타가 되었다. 논문의 내용은 간단하다. 같은 병으로 같은 병동에 입원한 환자들 가운데 창밖으로 녹색 정원을 본 환자들은 회색 건물을 본 환자들보다 회복 속도가 빨랐고, 통증을 호소하는 빈도도 낮아 진통제를 적게 맞았다는 내용이었다. 가까이에 작은 화분이라도 두고 스트레스를 받을 때마다 한 번씩 쳐다보자. 녹색이 스트레스를 치유할 것이다.

Oxygen(산소)

사람은 한 자리에 머물러서 사는 식물이 아니라 움직이는 동물이다. 그러나 하루 중 대부분의 시간을 앉아서 보낸다. 회사에서는 책상 앞 의자에 앉아서, 집에 와서는 소파에서 앉거나 누워서 지낸다. 이런 식물화가 스트레스에 더 취약하게 만든다. 시간을 내서 운동하는 게 어렵다면 걷기부터 시작하자. 식사 후에 산책을 하고, 출퇴근 때 한 정거장 정도의 거리를 걷거나 엘리베이터 대신 계단을 이용하는 것도 도움이 된다. 걷기가 스트레스를 치유할 것이다.

Light(빛)

가을, 겨울에 우울 증상과 무기력증이 심해졌다가 봄, 여름이 되면 좀 호전된다. 햇빛의 양과 일조시간의 부족이 에너지 부족과 활동량 저하, 슬픔, 과식, 과수면 등을 일으킨다고 알려져 있다. 시신경, 송과체, 시상하부 등이 외부의 변화에 잘 적응하도록 도와주는데, 계절성 우울증은 이런 작동이 제대로 이루어지지 않는다. 빛은 비타민D를 합성하고 골다공증을 예방하는 효과도 있으므로 빛과 친해져야 한다. 빛이 스트레스를 치유할 것이다.

Friends(친구)

G, O, L은 자연현상과 관련 있지만 F는 당신이 직접 만들어야 한다. 친구가 중요하다. 당신을 있는 그대로 이해하고 인정해줄 친구 한두 명이면 된다. 외로우면 삶이 망가진다. 어렸을 때 왕따를 당한 사람은 면역계가 교란되고 우울증과 자살 위험이 높다. 외로우면 지적 능력도 떨어지고, 노인이 되면 치매 확률도 높아진다. 진실한 친구 한 명으로 우울증, 치매를 예방할 수 있다. 친구가 스트레스를 치유할 것이다.

퇴근 후 심리 카페

초판 1쇄 발행   2017년 11월 22일
초판 2쇄 발행   2019년 5월 19일

지은이 | 채정호

펴낸이 | 성미옥
펴낸곳 | 생각속의집

출판등록 2010년 5월 18일 제300-2010-66호
주소 | 서울시 종로구 혜화동 53-9 1층
전화 | (02)318-6818   팩스 | (02)318-6613
전자우편 | houseinmind@gmail.com

ISBN 979-11-86118-24-5 03180

이 책은 한국출판문화산업진흥원 우수 출판콘텐츠 제작 지원 사업 선정작입니다.